José María Blanco White

Autobiografía

Barcelona **2024**
Linkgua-ediciones.com

Créditos

Título original: Autobiografía.

© 2024, Red ediciones S.L.
Traducción de: Antonio Garnica

e-mail:info@Linkgua-ediciones.com

Diseño de cubierta: Michel Mallard.

ISBN rústica: 978-84-9007-007-9.
ISBN ebook: 978-84-9953-999-7.

Cualquier forma de reproducción, distribución, comunicación pública o transformación de esta obra solo puede ser realizada con la autorización de sus titulares, salvo excepción prevista por la ley. Diríjase a CEDRO (Centro Español de Derechos Reprográficos, www.cedro.org) si necesita fotocopiar, escanear o hacer copias digitales de algún fragmento de esta obra.

Sumario

Créditos _____ 4

Brevísima presentación _____ 7
   La vida _____ 7

Autobiografía _____ 9

Capítulo I. Narración de su vida en España (1775-1800) _____ 11
   Oxford, 9 enero 1830 _____ 11
   1783, 8 años _____ 14
   1789 _____ 16
   15 años _____ 18
   1790 _____ 20
   1795, 20 años _____ 43
   1796, 21 años _____ 45
   1799 _____ 52

Capítulo II. Narración de su vida en España (1800-1809) _____ 55
   1800, 25 años _____ 60
   1802, 27 años _____ 83
   1805, 30 años _____ 90
   1807. 32 años _____ 101
   1808. 33 años _____ 104
   1808 _____ 106

Capítulo III. Salida de España y llegada a Inglaterra (1810) ___ 115

Capítulo IV. Narración de su vida en Inglaterra (1810-1814) __ 125

Capítulo V. Narración de su vida en Inglaterra (1814-1826) ___ 151
   1814. 39 años _____ 155
   1815 _____ 156
   1817 _____ 157

1818. 18 agosto _____ 158
1820. 12 diciembre _____ 159
1821. 2 abril _____ 161
1826. 2 octubre. 51 años_____ 167

Libros a la carta_____ **171**

Brevísima presentación

La vida
José María Blanco White (1775ç+-1841). España.
Nació en Sevilla en 1775. Hijo del vicecónsul inglés Guillermo White. Fue canónico magistral en Cádiz y Sevilla y formó parte de la Academia de Letras Humanas (1793-1802). Tras una crisis espiritual marchó a Madrid, en donde trabajó en la Comisión de Literatos del Instituto Pestalozziano y luchó contra los franceses durante la ocupación.

Su ideología liberal le llevó a discrepar con la Junta Central; marchándose de España rumbo a Inglaterra en 1810, allí reinició sus estudios de inglés, su segunda lengua, y de griego. Fue profesor de la Universidad de Oxford y escribió crítica literaria en inglés y español publicada en Variedades o El Mensajero de Londres (1823-1825) publicación financiada por Rudolph Ackermann.

Murió en 1841 en Liverpool, Inglaterra.

Autobiografía

Capítulo I. Narración de su vida en España (1775-1800)
Nacimiento, 11 julio 1775

Oxford, 9 enero 1830
Mi querido amigo:
Hace algún tiempo que me animó usted a que escribiera una narración detallada de mi vida. A poco de comenzar la tarea se me hizo ingente y me pareció imposible el continuarla. Sin embargo mi total convencimiento de la necesidad de dejar a mis amigos en posesión de la verdad de todos y cada uno de los sucesos más importantes de mi vida, para que después de mi marcha de este mundo puedan refutar las calumnias y mentiras de mis enemigos, ha influido en mi espíritu de tal manera que hoy me siento avergonzado de mi indolencia. Pero como esta indolencia se debe al precario estado de mi salud y a mi falta de ánimo, no creo que un mero acto de voluntad sea suficiente para superarla durante mucho tiempo. Sin otro motivo adicional, sin un estímulo que pueda aplicar repetidas veces, no creo que sea capaz de terminar una narración en la que apenas habrá parte por pequeña que sea que no pueda escribir sin dolor.

Pero creo que he encontrado el estímulo deseado al dedicarle a usted esta narración y hacerme el firme propósito de enviarle una pequeña parte todas las semanas. La fuerza de este estímulo es la siguiente. Entre los muchos y buenos amigos que la Providencia me ha deparado en un país extranjero, usted es el único que ha llegado a conocerme directamente. Los demás tienen que estudiarme, pero usted puede leer en mí espontáneamente, sin ninguna preparación. Nos hemos llegado a comprender el uno al otro como si nuestra amistad hubiera empezado en la escuela. Sé muy bien que en determinados momentos usted me ha defendido de cargos en que la única prueba que tenía a mi favor era el conocimiento de mi carácter y, a pesar de ello, sus respuestas han sido las mismas que hubiera dado mi propia conciencia. Por todo ello parecería ser yo indiferente a mi buena fama póstuma si, después de haber encontrado en usted un abogado capaz y afectuoso, dejara de ofrecerle un resumen de mi vida, tan completo como lo piden las diversas y difíciles circunstancias de mi historia personal. Le debo ciertamente este reconocimiento de estima y amistad, y espero que el saber que me empleo en retribuir una deuda de gratitud me hará ligera una tarea que de otro modo bien pronto vendría a ser demasiado penosa e insoportable para mi espíritu.

La primera información que puedo ofrecerle está contenida en el árbol genealógico y testimoniales que le acompaño. De la exactitud histórica del primero en cuanto se alza en busca de nobles conexiones, no puedo juzgar, pero creo fundadamente que mis antepasados fueron personas notables en su país y si perdieron bienes e influencia fue a consecuencia de su adhesión a la Iglesia Católica.

El primer despojo que sufrieron, y creo que de una fortuna cuantiosa, tuvo lugar bajo Cromwell. El hijo del que la padeció, mi tatarabuelo, se vio obligado a seguir a su padre en su destierro de Dublín a Waterford, donde según parece se hicieron comerciantes. Mi abuelo era uno entre cinco hermanos, cuatro de los cuales —y él entre ellos— se fueron al extranjero para escapar de la dureza de las *leyes penales*. El otro hermano, es decir, su única hermana, se casó con un protestante llamado Archdekin. Tengo entendido que todavía vivía en Dublín cuando yo era un muchacho. Por la manera de que hablaban de ella en mi familia o, mejor dicho, por lo poco que de ella se hablaba, deduzco que se había convertido al protestantismo y de esta manera había privado a mi abuelo, hermano suyo, de algunas propiedades. Pero por aquel entonces mi abuelo estaba establecido en Sevilla y sus negocios eran lo suficientemente prósperos para que apenas notara aquella pérdida.

En efecto, un tío materno suyo, llamado Philip Nangle, había conseguido gran fortuna como comerciante en mi ciudad natal. Como no tenía hijos legó su casa comercial a su sobrino. En medio de tal prosperidad nacieron y fueron educados sus cuatro hijos: mi padre, otro hermano mayor que murió joven y dos hijas. La familia vivía como las mejores de aquella parte de España, y el rey le había concedido a perpetuidad patente de hidalguía. El documento real, que está en posesión de mi hermano, es, según creo, el único documento español que se refiere a nosotros que no usa nuestro nombre familiar Blanco sino que está concedido a Don Guillermo White, natural de Waterford, y a sus descendientes, tras haber probado la gran consideración de su familia en Irlanda.

Mi padre fue enviado a Waterford cuando joven, y después de haber pasado allí algunos años, antes de regresar a Sevilla viajó por Francia para completar su educación y conocer el mundo, algo ciertamente insólito para un español en aquellos tiempos. Poco después de su regreso murió mi abuelo y un oficinista irlandés se encargó de la dirección del establecimiento comercial, que no tardó en dar en quiebra salvándose solo lo suficiente para librar a la familia de una pobreza total que hubiera trastornado completamente su posición social. Sin embargo recuerdo que mi abuela y sus dos hijas vivían en una casa muy espaciosa y confortable.

La hermana más joven de mi padre contrajo matrimonio con otro irlandés, Thomas Cahill, a quien recuerdo con los mejores sentimientos de estima y afecto, y cuya cultura y buenas cualidades influyeron poderosamente en mi espíritu. Thomas Cahill y mi padre se asociaron y fundaron otra casa mercantil que llevan todavía mi hermano y los nietos de aquél. No deja de ser curioso el hecho de que otro irlandés llamado [Lucas] Beck, que entró como empleado en nuestra casa siendo muy joven, llegó a casarse con la única hija de Cahill, mi prima, y de esta manera después de la muerte de mi padre vino a ser socio de mi hermano. Todo esto hace que mi familia sea como una pequeña colonia irlandesa cuyos miembros siguen conservando la lengua y muchas de las costumbres y aficiones que su fundador trajo a España.

La familia de mi madre está emparentada con la nobleza más antigua de aquella parte de Andalucía donde yo nací, parentesco reforzado por el casamiento de mi hermano con una prima nuestra por esta parte. Mi abuelo materno, de quien me acuerdo muy bien, había abandonado cuando joven a su mujer y durante muchos años llevó una extraña vida errante. Sin embargo, cuando después de larga ausencia volvió a Sevilla viejo y enfermo, encontró acogida bajo el techo de la casa de mi padre.

Antes de casarse con mi padre, mi madre y mi abuela habían vivido a expensas de una pequeña renta, como cualquier familia hidalga española. Con ella y con la ayuda de un hermano de mi abuela que durante muchos años había sido militar de alta graduación y gobernador de la corona española en Sudamérica, habían llevado una vida digna. De todas maneras en España cualquier renta por pequeña que sea es bastante para mantener decentemente la condición de hidalgo, ya que solo la pobreza total hace descender a una familia de su buen rango y consideración, e incluso si se ven obligados a mendigar el sustento, la ley del país los considera en pleno uso de sus privilegios. Pero por lo que respecta a mi abuela y mi madre tenían lo suficiente para cubrir convenientemente sus necesidades. Por tanto fui educado sin percatarme de si éramos ricos o pobres, pero me hicieron adquirir las virtudes de la hidalguía.

En mi relación de la vida de un clérigo español, que se encuentra en las *Cartas de España*, he detallado las circunstancias que me llevaron a la Iglesia, pero voy a resumir a continuación lo que allí dije.

Mi madre tenía el defecto de no gustarle la ocupación del comercio, pero al principio aceptó que yo fuera educado para ella. El negocio de mi padre, que consistía en la exportación a Inglaterra de productos del país, tales como frutas y lana, era bastante próspero. Su cuñado Cahill tenía mayor participación en él, pero de haber seguido yo el curso que me asignaron al principio, lo más probable es que con el tiempo hubiera llegado a ser el único dueño.

1783, 8 años
Cuando cumplí los ocho años me hicieron acudir diariamente al escritorio donde un irlandés (los empleados de nuestra casa eran de esta nacionalidad) me enseñó a escribir y hacer cuentas, particularmente las operaciones de cálculo mercantil que él sabía. Mi aprendizaje fue severo y en cuanto aprendí a escribir tenía que copiar toda la correspondencia de la casa.

Para entonces había aprendido suficiente inglés para hablar con cierta fluencia con los cuatro o cinco irlandeses con quienes pasaba la mayor parte del día. Como la correspondencia y las cuentas de la casa se llevaban en inglés, al copiar las cartas iba perfeccionando mi dominio de la lengua.

El cuñado de mi padre era hombre de cierta cultura. Particularmente era un magnífico violinista y en cuanto se dio cuenta de la decidida afición a la música que la naturaleza me había dado, me enseñó los rudimentos de su arte. De esta manera una lección de violín era la recompensa que recibía después de las largas y tediosas horas de la oficina.

Pero era incapaz de soportar la fatiga de tanto y tanto escribir. Mi madre se preocupaba con razón de que la educación mercantil que me estaban dando iba a arruinar mi salud sin proporcionarme la menor formación espiritual. Especialmente no podía soportar que fuera educado con una total ignorancia del latín, y con muchas dificultades pudo conseguir que un profesor particular viniera a casa por las tardes para enseñarme la gramática latina, para lo cual me dejaban salir del escritorio un poco más temprano, después de haber copiado innumerables cartas, facturas, conocimientos de embarque y letras de cambio. Mi completo aborrecimiento de aquellos importantes pero aburridísimos documentos hicieron de la gramática latina una verdadera fuente de placer para mí. Pero sucedía que no tenía tiempo para preparar mis lecciones. Las dos ramas de mi familia, la irlandesa y la española (tan diferentes en ideas y carácter como puede fácilmente presumirse), no se ponían de acuerdo en cuanto al contenido de mis estudios. Los que querían que fuera comerciante sentían celos de cualquier otro tipo de conocimientos que pudieran apartar mi atención de los negocios. Yo me daba buena cuenta de la situación y, aunque solo tenía doce años por aquel entonces y conocía menos del mundo que un niño inglés de ocho, instintivamente encontré el único medio que podía librarme de la esclavitud del comercio: declaré que sentía una fuerte inclinación por el sacerdocio. Mi madre no perdió tiempo en aprovecharse de la oportunidad que esta declaración le daba para conseguir sus deseos. Consultaron el asunto con graves teólogos, que opinaron que se trataba de una verdadera vocación. No había medio de resistir a estas autoridades. Pero el partido mercantil insistía que, ante la eventualidad de que yo cambiara de opinión en el transcurso de dos o tres años, era muy conveniente que siguiera yendo al escritorio por la mañana y dedicara la tarde a la escuela regentada por el mismo maestro que me había dado lecciones particulares en mi casa.

Grande fue mi alegría cuando pude ir a una escuela donde estudiaban unos treinta muchachos. Hasta aquel momento no había tenido ninguna relación con gente de mi edad y, aunque me estaba prohibido todo trato con mis compañeros de escuela, a excepción de las dos horas que estaba con ellos en presencia del maestro, me sentía feliz en compañía de los otros muchachos.

1789

Teniendo en cuenta la desventaja con que empecé a ir a la escuela, mis progresos fueron satisfactorios para mi maestro. A poco de cumplir los catorce años, y como perseveraba en mi intención de hacerme sacerdote, me hicieron comenzar el estudio de la Filosofía, para el cual según declaración de los directores espirituales de mis padres, no hacía falta un profundo conocimiento del latín. De hecho apenas era capaz de entender a Cicerón y Virgilio cuando tuve que dejar la escuela de latinidad.

Mi desconocimiento de otras materias, aunque no mayor que el normal en muchachos de mi edad y condición, era total. El único libro que había podido leer era la vida de los santos, en la traducción española del *Année Chretien*, libro devoto de gran circulación. El maestro de música que me daba clases particulares en este último período en que mi atención estaba dividida entre el oficio mercantil y la gramática latina, me prestó un ejemplar del Quijote, que leí a escondidas. No recuerdo satisfacción y placer más grande que el que experimenté cuando, teniendo buen cuidado de ocultar el Quijote a la inspección de mis padres, me lo devoraba a escondidas en la pequeña habitación que me habían designado para que pudiera estudiar con sosiego. Porque aun el Quijote estaba considerado por mi padre como libro peligroso.

El único objetivo de aquel hombre realmente bueno era mi educación religiosa, según entendía él esta palabra y en perfecta sumisión a las opiniones de su director espiritual. Mi madre también actuaba de la misma manera, pero como estaba dotada de grandes talentos naturales, de vez en cuando no podía menos que desear algo menos sombrío y cerrado que la religión impuesta por los teólogos de su Iglesia.

Es imposible alabar suficientemente la bondad de corazón de mis padres y su piedad sincera. En las *Cartas de España* he tenido ocasión de describir sus caracteres como mejor he podido. Su desgracia y la mía propia, en cuanto que mi felicidad dependía de ellos, era lógica consecuencia de su obediencia ciega a la religión según la cual vivieron y murieron. De acuerdo con lo que ellos entendían como perfección cristiana, determinaron educarme en total acuerdo con las normas de la Iglesia de Roma. Así, al mantenerme alejado de la compañía de los muchachos de mi edad, se imaginaban que estaban preservando mi alma y corazón de toda contaminación. Ello hizo que fuera un ser solitario durante toda mi infancia y adolescencia. Bien me acuerdo de cómo se me iban los ojos detrás de los niños pobres que jugaban por las calles de Sevilla, y cómo envidiaba la alegría que tenían de poder jugar con amigos de su misma edad. Si mis dos hermanas, más jóvenes que yo, hubieran vivido en casa cuando tenían edad suficiente para ser compañeras de juego, mi suerte no hubiera sido tan dura, pero las enviaron a un convento, donde mi madre tenía una hermana, para completar su educación, medida ciertamente necesaria porque por aquel tiempo mi madre había caído enferma y siguió estándolo durante muchos años, de modo que no podía atender como hubiera querido a la educación de sus hijas. Pero veo que me pierdo de vista a mí mismo y no digo nada de mi educación elemental.

La parte teórica de ella se limitaba al conocimiento del catecismo, un conjunto de explicaciones teológicas en la jerga de la escolástica. Ciertamente llegué a ser un adepto según mi edad a aquellas explicaciones de los misterios de la fe. La parte práctica consistía en una ronda perpetua de prácticas piadosas, de las que todavía conservo memorias muy penosas.

Temía extraordinariamente la llegada del domingo. En las primeras horas de la mañana de aquel tremendo día tenía que acompañar a mi padre al convento dominico de San Pablo, donde residía su confesor. Dos veces al mes había de someterme a la práctica de la confesión, que mi padre cumplía escrupulosamente todos los domingos. Dos horas enteras pasaba en la Iglesia antes de ir a desayunar. Después de una rápida visita a casa para tomar el desayuno, volvíamos a salir, esta vez para ir a la catedral, donde había de pasar otras dos horas de pie o arrodillado, ya que el templo carecía de asientos. Más de una vez llegué a desmayarme exhausto, pero nada podía librarme del mismo castigo al domingo siguiente.

A las doce volvíamos a la casa para almorzar a la una, después de lo cual salíamos en dirección a otra iglesia, donde pasábamos otro par de horas. Cumplidas nuestras devociones, si el tiempo lo permitía íbamos a dar un paseo que solía terminar con la visita a las salas de un abarrotado y pestilente hospital, en el que mi padre durante muchos años empleó dos o tres horas haciendo a los enfermos toda clase de servicios, sin excluir los más serviles y repugnantes. Dos veces estuvo a las puertas de la muerte a consecuencia de contagios, pero nada era capaz de mitigar su filantropía.

Mi ingreso en la Facultad de Filosofía a los catorce años me libró un tanto de esta cruel disciplina. Hasta entonces nunca me habían permitido salir a la calle solo, pero a partir de entonces pude ir a las clases sin que nadie me acompañara.

Fue en el Colegio de los dominicos donde comencé el estudio de la Lógica. En las *Cartas de España* he contado cómo fui emancipado de un sistema educativo propio del siglo XIII. Voy a resumir todo lo que pasó entonces con objeto de no interrumpir mi narración.

15 años

El confesor de mi padre era un dominico que lógicamente apoyaba el Colegio de su orden, que había sido fundado en el siglo XVI para la instrucción pública de Sevilla. Los jesuitas habían sido sus grandes rivales, pero después de la extinción de esta orden, el gobierno, entonces en manos de un ministro que tenía algunos rudimentos de la filosofía moderna, había separado la Universidad del Colegio Mayor, donde después iba yo a obtener una plaza de colegial, y también había privado al Colegio de los dominicos de la facultad de conferir grados académicos.

El sistema de estudios de la nueva Universidad, aunque muy imperfecto todavía, estaba libre de las doctrinas absurdas propugnadas por la filosofía aristotélica y por esta razón los dominicos la acusaban de tendencias heréticas. Para salvarme de ellas me enviaron al Colegio de Santo Tomás. Sin ninguna preparación para seguir las secas especulaciones del voluminoso libro de Lógica que me pusieron en las manos, lo abandoné desesperado, tras infructuosos esfuerzos para entenderlo.[1]

Por aquel tiempo, mi tía [Anica], la mayor de las dos hermanas de mi padre, que me atrevo a asegurar era la única señora sevillana que poseía una pequeña colección de libros, me permitió leer las obras de Feijoó, benedictino español que en los primeros años del siglo XVIII se atrevió a atacar

---

1   Como nota curiosa he de decir que me he procurado recientemente un ejemplar de la obra completa: Goudin, *Principia Philosophiae Aristotelicae ad mentem divi Thomae Aquinatis*, 3 vols.

el sistema escolástico y a recomendar el estudio experimental de la filosofía según los principios de Bacon.

Feijoó se había formado con la lectura de libros franceses y contaba con el apoyo de los ministros de Fernando VI, todos los cuales se habían educado en las escuelas anticristianas de Francia. El cauto monje se mantuvo siempre en el lado seguro cuando tenía que referirse a la religión establecida, pero atacó resueltamente los errores populares con toda la agudeza de su ingenio, que verdaderamente era notable. Su obra principal es una colección de diez o doce libros magníficamente impresos en cuarto español. Todos ellos los leí con avidez y a pesar de la rapidez con que los devoré, me imbuí plenamente del espíritu de la obra y, si mis recuerdos no me engañan, creo que llegué a comprender los principios de la filosofía de Bacon.

Por todo esto la sola vista del fraile que nos enseñaba Lógica en el Colegio dominico se me hizo insoportable y odiosa. Cierto día llegó a reprenderme delante de toda la clase por no atender a mis estudios. Sin pensarlo mucho me levanté de mi asiento y le dije abiertamente que aquellos estudios no eran dignos de mi atención y que nunca los seguiría. Añadí a continuación un buen número de observaciones contra la filosofía aristotélica, que había aprendido de Feijoó. El fraile se enfureció y todavía me admiro de cómo pude escaparme de un manteo por parte de mis compañeros de curso. Asustado de mi propio atrevimiento salí corriendo para mi casa y le conté a mi madre todo lo que había pasado. A ella no le gustaban los dominicos y, aunque no se atrevía a manifestarlo, no quería que yo estuviera en su Colegio. No sé lo que hizo, pero lo cierto es que se las arregló para enviarme a la Universidad. Allí aprendí en menos de dos meses todo lo que la clase de Lógica había cubierto en la totalidad del curso anterior.

Mi despedida del Colegio dominico tuvo lugar poco antes del comienzo de las vacaciones del verano. Un profesor de la Universidad daba clases especiales durante dos meses del verano a los que se habían quedado atrasados en el curso ordinario. Yo las seguí y al terminar, el profesor me felicitó públicamente por mi buen trabajo, por lo que al comenzar el nuevo curso me dieron un lugar entre los primeros de la clase.

1790

Durante mi incidente con los dominicos se me desarrolló un profundo deseo de saber y una no menos profunda aversión hacia los errores establecidos. Con toda razón puedo decir que estas tendencias nacidas entonces nunca han dejado de obrar en mí. Han pasado ya casi cincuenta años y hoy mismo, más que nunca, reconozco y me alegro de mi identidad intelectual con aquel muchacho de quince años. Pero en aquel tiempo carecía de todo medio de ilustrar mi inteligencia: todo lo que pude sacar de mi segundo año de Filosofía fueron unas ligeras nociones de Geometría y un conocimiento superficial de los *Principios* de Newton.

Pero en el curso de ese año tuve la suerte de hacer amistad con un estudiante de Teología llamado Manuel María del Mármol. Era un joven sobrio y capaz, cuatro o cinco años mayor que yo, persona amable y comunicativa. Su deseo de saber era grande y así lo ha seguido siendo a lo largo de toda su vida. Puede decirse con toda verdad que su única ambición fue la de mejorar el plan de estudios de la Universidad de Sevilla. Se alegraba de cualquier oportunidad de comunicar lo que sabía. Sin pensar ni remotamente en una retribución material, se convirtió en mi tutor particular. Más tarde y durante muchos años también lo sería de mi hermano, diez años más joven que yo, y hasta el momento presente ha seguido siendo su gran amigo. Mármol me enseñó Geografía y el uso de las esferas, y también me dio a conocer a los poetas españoles y puso en mis manos el *Organum* de Bacon, libro que solo él conocía en toda Sevilla.

En la Facultad de Filosofía de la Universidad de Sevilla había un tercer curso optativo, dedicado al estudio de la Metafísica, pero mi padre decidió que pasara sin más demora al estudio de la Teología cuando estaba entre los dieciséis y diecisiete años de edad. Formábamos el curso primero de Teología de aquel año un grupo de unos cuarenta estudiantes, casi todos los cuales eran tres o cuatro años mayores que yo, y nuestro libro de texto era *De Locis Theologicis* de Melchor Cano, obra de gran mérito y escrita en buen latín. Había sido escrito en tiempos de la Reforma y el autor, aunque enemigo declarado de los reformadores, no por eso era amigo de los escolásticos. Durante los años que mediaron entre mi salida de la escuela de latinidad y el comienzo de la Teología había llegado a conseguir un buen dominio del latín y a tener la suficiente competencia para valorar la elegancia del lenguaje usado por nuestro autor. Realmente, un buen método para mejorar el dominio del latín era el estudio concienzudo de aquel libro. Comencé la Teología con gran entusiasmo y bien pronto me convertí en uno de los estudiantes más distinguidos. Esto dio lugar a uno de los acontecimientos más importantes de mi vida.

Entre mis compañeros había un joven de humilde condición, *paje* —algo así como los *servitors* de Oxford— de un colegial del Colegio Mayor, natural de Osuna y caballero de buena familia, que había estudiado Derecho Civil y Canónico en la Universidad de aquella ciudad. Don Manuel María de Arjona, que así era su nombre, acababa de ser elegido colegial cuando tenía veintiún años y estaba dotado de cualidades extraordinarias. A pesar de su juventud había conseguido establecer en Osuna un sistema nuevo de exámenes para el grado de Maestro, que elevaba las cualificaciones requeridas en los candidatos al propio tiempo que los libraba de mucho trabajo inútil. Consciente de los grandes defectos de los estudios públicos en España, Arjona había concebido la idea de elevar la formación cultural de un grupo de jóvenes universitarios por medio de lecturas y discusiones, todo ello de forma absolutamente desinteresada. Para realizar su plan le dijo a su paje que se fijara en los dos o tres estudiantes más trabajadores e inteligentes de su clase y les ofreciera la ayuda que acabo de mencionar. Yo fui uno de los tres escogidos. Fuimos a ver a nuestro desinteresado tutor y su amabilidad ganó mi corazón desde el primer momento. En aquella primera entrevista convinimos en que nos reuniríamos en su habitación del Colegio tres días a la semana para estudiar Retórica bajo la guía de Quintiliano.

Me puse a trabajar con todo entusiasmo, pero mis dos compañeros se aburrieron a las pocas semanas. Antes de que esto sucediera me había hecho tan amigo de Arjona, y él por su parte tan decidido a dispensarme el beneficio de su amistad, que pasaba en su cuarto todos mis ratos libres. Como mi nuevo amigo tenía fama de hombre piadoso, mis padres aprobaron sin reserva nuestra gran amistad. Arjona era en verdad un joven ejemplar, pero había algo en su espíritu en aquella época que lo llevaría necesariamente a un futuro enfrentamiento con la religión del país. Mientras estudiaba Derecho Canónico había conocido una colección de libros que, de acuerdo con las ideas jansenistas, abogaban por la limitación del poder pontificio, aunque sin poner en duda el derecho del Papa de ser el centro de la unidad cristiana. Como muchos de estos libros eran franceses, mi amigo había llegado a dominar este idioma de forma que lo leía como el suyo propio. A mí me recomendó que hiciera lo mismo.

Pero creo que debo volver a unos años anteriores de mi vida, y lo hago con mucho gusto porque me va a dar la oportunidad de corregir un olvido de mi memoria con respecto a los libros que leí cuando muchacho. Al mencionar este punto me olvidé de la traducción española del *Telémaco* de Fenelón, que mi padre tenía en su pequeñísima colección de libros —no llegaban ni a media docena—. Lo había leído tantas veces a mis seis o siete años de edad que casi me lo sabía de memoria. El efecto que produjo en mi imaginación fue poderosísimo, pero su influencia no se limitó a esta facultad. Es un hecho curioso que mi primera duda sobre la verdad del cristianismo se originara con la lectura de aquel libro poco antes de que cumpliera los ocho años.

Me acuerdo perfectamente de todos los pormenores de aquella duda pasajera, y de cómo especialmente me encantaban las descripciones de los sacrificios ofrecidos a los dioses. También me sentía muy identificado con los principales personajes de la historia, y la diferencia entre su religión y la mía me sorprendió extremadamente, hasta el punto de que mi admiración por su sabiduría me sugirió la cuestión de cómo podíamos estar tan seguros de que estaban equivocados aquellos que daban culto a su religión de tal manera y no nosotros. Este pensamiento me preocupó durante algún tiempo y cuando llegó el día de ir al confesonario y me puse a leer el catálogo de pecados que se encuentra en el libro de la *Preparación*, me di cuenta de que tenía que acusarme de dudas contra la fe. En este mismo momento me parece que estoy viendo el confesonario y las facciones del dominico que me confesaba: se llamaba Padre Baena y era un hombre gordo, sonrosado y simpático, que sin embargo era teólogo consultor de la Inquisición y odiaba a los herejes con toda su alma, como era su deber. Al acusarme de mi pecado no dejé de añadir mis razones. El fraile se sorprendió tanto que se dejó caer contra el respaldo de su asiento, pero, sobreponiéndose y usando la expresión más cariñosa que tiene la lengua española para dirigirse a un niño, me preguntó: «Angelito, ¿qué libros lees?». Le contesté con toda naturalidad que el *Telémaco*. Al oír mi respuesta el fraile sonrió y aconsejándome que no me calentara la cabeza con estos pensamientos me absolvió de todos mis pecados sin que ni siquiera me prohibiera seguir leyendo el libro, causa inocente de mi escepticismo. Creo que si hubiera poseído siquiera una pequeña parte de espíritu profético me hubiera retorcido con gusto el cuello, previendo que vendría un tiempo en el que aún los herejes, a todos los cuales él hubiera quemado con los mayores transportes de alegría, me llegarían a encontrar demasiado hereje para su gusto.

Me doy cuenta que mi relato se ha desviado de su camino, pero como cualquier otro narrador improvisado tengo mis propias razones para hacer esta digresión, aunque estas razones no sean satisfactorias o convincentes a los demás. En este caso particular el nexo secreto está en la influencia que mi temprano conocimiento de la traducción de Fenelón tuvo con respecto a mi aprendizaje del francés. Poco tiempo antes de conocer a Arjona había pedido prestada la versión original del *Telémaco*. Sin gramática ni diccionario, y guiado solo por mi conocimiento del relato y por la semejanza del francés con el latín y el español, me percaté de que podía entender la mayor parte de los pasajes. Así que la recomendación de Arjona de que aprendiera francés llegó en un momento en que ya sabía algo de aquella lengua, y su efecto fue que me animó a dominarla completamente. Arjona tenía un volumen suelto de las tragedias de Racine, que me prestó; el interés del argumento de estas obras, y que procuraba comprender antes de entendérmelas con el diálogo, me indujo a leerlas repetidas veces. Cada nueva lectura aumentaba mi dominio de palabras y frases, y así seguí haciendo con todo libro francés que podía procurarme hasta que llegaba a conocerlo completamente. Nunca tuve ni la oportunidad ni los medios de aprender a hablarlo bien, pero por el tiempo en que salí de España había leído francés tan constantemente durante tantos años, que era capaz de escribir con bastante corrección.

Mi siguiente objetivo en cuanto a idiomas fue el italiano. También empecé a estudiarlo por consejo de mi amigo, que tenía un ejemplar de *Della perfetta Poesia* de Muratori. El primer volumen de esta obra es una colección de especulaciones y críticas y el segundo una antología de poetas italianos.

El escritor español Luzán, autor de un *Arte Poética* hacia la mitad del siglo XVIII, había copiado tan generosamente del libro de Muratori que su obra, que frecuentemente me había servido de tema de conversación con Arjona, me fue de inestimable ayuda para entender el tratado italiano. Mi dominio de esta lengua no llegó, sin embargo, a ser tan completo como el del francés. Cierto es que llegué a aficionarme a los poetas italianos, pero los escasos prosistas que llegaron a mis manos no me entusiasmaron de forma especial.

De todas estas observaciones se dará usted cuenta que la intención de mi amigo era cultivar y educar mi buen gusto y mi imaginación. Él mismo era un buen poeta en español, algo frío, pero brillante. Siendo yo más joven había escrito algunas poesías breves en mi lengua nativa, pero entonces, bajo su dirección, comencé a atreverme con proyectos más serios y difíciles.

Poco tiempo después presenté a Arjona otros dos estudiantes de Teología: uno de ellos era de un curso superior al mío en la Universidad, y el otro, uno inferior. Se llamaban [Félix] Reinoso y [Alberto] Lista y los dos eran jóvenes de gran talento y con un gusto natural por la poesía. Las habitaciones de Arjona se convirtieron en nuestro lugar favorito y nuestras frecuentes reuniones de diversión literaria (porque verdadero placer y diversión eran para nosotros aquellos estudios, especialmente si los comparábamos con los que teníamos que seguir en la Universidad) nos sugirieron la idea de organizar una Academia particular para el cultivo de la elocuencia y la poesía. Para ello invitamos a una docena de nuestros compañeros y Arjona fue elegido presidente, cargo que ocupó muy poco tiempo dada su dificultad de acudir a nuestras reuniones. Estas se celebraban todos los domingos en casa de aquellos de sus miembros que podían facilitar una habitación bastante amplia sin causar inconvenientes a la familia. Según las reglas estábamos obligados a leer un determinado número de disertaciones durante el año, y además había un curso de lecciones sobre poesía y elocuencia a cargo de miembros especialmente designados por la Academia. En estas lecciones se usaban notas manuscritas. Reinoso, Lista y yo fuimos los únicos encargados de dar estas conferencias durante los cuatro o cinco años que duró la Academia. Al final de aquel período tuvimos una reunión pública con gran asistencia de público, que se celebró en el salón de conferencias del Colegio Mayor, poco antes de ser yo elegido colegial. Arjona, que seguía siendo residente del Colegio y había vuelto a ser presidente de la Academia, ocupó la cátedra aquel día.

No se puede negar que nuestros esfuerzos por nuestra formación tuvieron éxito, y que este buen resultado se debió a nuestro propio interés y trabajo. Arjona nos había abandonado cuando nuestras fuentes de información eran todavía escasas. Por casualidad me encontré con una obra de Batteux sobre las Bellas Letras, y otro accidente afortunado me hizo conocer la útil obra de Rollin sobre el mismo asunto. Estos dos libros y especialmente el *Voyage d'Anacharsis* de Barthelemy ampliaron nuestro conocimiento del mundo de la literatura. También es verdad que nuestro ejemplo no se perdió en la Universidad. Poco a poco se fue extendiendo una afición por la literatura entre los estudiantes y aunque la Universidad como institución no se tomó el menor esfuerzo en la promoción de estos estudios, sin embargo la Sociedad Patriótica de Sevilla instituyó poco tiempo después una cátedra de Bellas Letras. Como la pobreza del país en aquellos años era tan grande que no había forma de conseguir ayuda económica del gobierno para financiar el proyecto de la Sociedad Patriótica, recibí la invitación de hacerme cargo de la cátedra sin remuneración, lo que cumplí por espacio de dos años, pero esto pertenece a otra parte de mi narración. Para no faltar a la justicia debo advertir que, a pesar de todos estos compromisos voluntarios, no dejé de realizar todos los ejercicios y exámenes de la Universidad con las mejores calificaciones.

Pero es tiempo de volver a la parte moral y religiosa de mi narración. En cuanto dejé el Colegio de Santo Tomás para entrar en la Universidad, escogí un nuevo confesor —todos los jóvenes que reciban una educación religiosa han de tener un director espiritual— entre los sacerdotes del Oratorio de San Felipe Neri. Esta congregación tiene un carácter muy peculiar: por un lado sus miembros son sacerdotes *seculares*, es decir, no están atados por votos religiosos, pero, sin embargo, como estos últimos viven también en comunidad en una casa muy parecida a un *College* inglés, que cuenta además con capilla pública. Por su atención frecuente al confesonario, el número de misas que celebraban diariamente en la capilla y las espléndidas ceremonias litúrgicas de las grandes solemnidades religiosas, atraían a muchos devotos sevillanos. Además, los padres del Oratorio continuaban con la ininterrumpida tradición del mismo método de dirección espiritual que había hecho famosos a los jesuitas. Lógicamente, los devotos sevillanos que habían sido afectos a estos últimos se habían adherido a la pequeña congregación de sacerdotes oratorianos, que estaban considerados públicamente como sucesores de los hijos de San Ignacio.

Mi madre me había imbuido de un gran respeto hacia los jesuitas y como los mejores estudiantes de la Universidad frecuentaban el Oratorio, el primer confesor que pude elegir libremente fue uno de estos sacerdotes. Por otro lado, la iglesia del Oratorio ejercía sobre mí una gran atracción. En ella se usaba frecuentemente la música, de tal manera que San Felipe Neri venía a ser como la Ópera religiosa de Sevilla. Los buenos padres filipenses habían ideado un plan que hacía que este servicio no les costara dinero: cultivar la amistad de los mejores músicos profesionales de la ciudad y pagar sus servicios artísticos dándoles a cambio ayuda espiritual y prestigio mundano. Como en nuestra ciudad había un buen número de señores aficionados a la música, los Padres los colocaban en una galería de la iglesia, oculta por una celosía, desde donde podían unirse a los músicos profesionales sin ser vistos por el público. La mejor sociedad sevillana, lejos de considerar esto como degradante, lo tenía por el contrario como un acto de devoción. Por aquel tiempo yo había llegado a dominar el violín aceptablemente y como, por otra parte, la oportunidad de acompañar a una gran orquesta me llenaba de satisfacción, los Padres solicitaban con frecuencia mis servicios y los tenían en gran estima. Todos los domingos ensayaba una hora por la tarde, y en las tres o cuatro fiestas principales del año en las que la música sonaba ininterrumpidamente desde el amanecer hasta la puesta del Sol, tocaba el violín durante tantas horas que mis dedos casi llegaban a derramar sangre. Pero mejor será que le cuente cómo pasaba un domingo en este período de mi vida.

Por la mañana temprano, es decir, las siete de la mañana en el invierno y las seis en el verano, me dirigía al Oratorio sin haber desayunado, ya que había de recibir la comunión. A pesar de la hora, la iglesia estaba llena de fieles y aunque cada uno se marchaba en cuanto cumplía con sus actos de piedad, que venían a suponer una hora como término medio, la constante llegada de nueva gente hacía que la iglesia siguiera abarrotada hasta las diez. Creo recordar que en el templo había unos diez confesionarios y otros tantos altares. Los confesionarios estaban rodeados de un crecido número de penitentes: los hombres se acercaban por la parte delantera y las mujeres por los lados, donde había unas rejillas rectangulares de metal que permitían el diálogo entre la penitente y el confesor. Como mi turno no solía tardar menos de media hora y estar de rodillas, según la costumbre, era una postura que me resultaba extremadamente incómoda, este tiempo de espera era en verdad el deber más penoso del día. Inmediatamente después de haber confesado recibía la comunión, que un sacerdote revestido de sobrepelliz y estola distribuía cada cinco minutos. A continuación oía una de las misas rezadas que se decían en la iglesia, es decir, seguía con la mirada todo lo que hacía el sacerdote, que es todo lo que la Iglesia Católica requiere de sus fieles bajo pena de pecado mortal todos los domingos y fiestas de guardar. Esta pena significa la condenación eterna, a no ser que el pecado sea perdonado. Después de misa volvía a casa a desayunar y el resto de la mañana lo pasaba con mis amigos, ocupados desde la fundación de nuestra Academia privada en los ejercicios literarios que he descrito más arriba.

La comida era a la una y no duraba más de media hora. A las tres iba de nuevo al Oratorio de San Felipe Neri para tocar el violín, lo que me suponía aguantar un sermón de una hora u hora y media. El día terminaba con un paseo junto con un grupo de amigos que frecuentaban la misma iglesia.

Desde los catorce años estuve obligado a un ejercicio de devoción que había de cumplir diariamente y que me era extremadamente pesado: me refiero al rezo en voz audible del oficio del día señalado en el *Breviario*. Por muy rápidamente que leyera no había manera de terminarlo en menos de hora y cuarto. Se me había hecho creer que este deber había que cumplirlo también bajo pena de pecado mortal. Difícilmente puede haber algo más absurdo que cargar con este peso a un muchacho de mi edad y temperamento. Pero mi madre había querido verme unido al estado clerical en la edad más temprana posible por medio de la ceremonia llamada Primera Tonsura, que realiza públicamente el obispo. Poco tiempo después me consiguieron un *título* o capellanía, con una renta de 4 libras escasas al año, y recibí lo que en la Iglesia Católica se llaman las *órdenes menores*. Todo ello me colocó bajo las circunstancias en las que la ley canónica determina el rezo del Breviario.

A partir de entonces, ciertamente, podía abandonar la profesión clerical, pero mientras siguiera siendo clérigo, la omisión del rezo del Breviario era un pecado tan horrendo como cualquiera de los incluidos en la larga lista de actos que los moralistas católicos dicen que apartan del *estado de gracia*. Desde los catorce a los veintisiete años —edad en que por algún tiempo dejé de creer en el cristianismo— nunca omití esta pesada práctica a no ser que estuviera gravemente enfermo. También tenía que someterme a otro ejercicio de devoción, casi tan pesado como el anterior. Entre los católicos *pietistas* (empleo el nombre de una secta alemana porque temo que resulte ofensivo si uso otra denominación más inglesa), el mejor remedio contra los males del espíritu y la mejor forma de alcanzar la perfección es la llamada *oración mental*. Pero este nombre puede inducir a engaño, ya que evoca la idea de peticiones que el corazón concibe y no se expresan con palabras, lo que constituye solo el grado inferior y elemental de esta práctica piadosa. El nombre de *meditación*, que también se le da, expresa mejor lo que realmente es esta panacea espiritual.

La persona que se dispone a hacer meditación se encierra en su cuarto o se retira a un rincón sombrío de la iglesia, y tras leer una especie de esquema de sermón, de los cuales los libros devotos españoles ofrecen una gran variedad, se arrodilla, cierra los ojos y trata de hacer diversas consideraciones mentales sobre los tres o cuatro puntos de la meditación, intercalando de vez en cuando alguna apropiada jaculatoria.

La capacidad de derramar lágrimas está considerada como una de las señales más convincentes de la perfección cristiana. Y no se trata solo de una creencia popular, sino que la misma Iglesia Católica considera seriamente esta propensión a llorar como un verdadero don del cielo, y de hecho su existencia es una de las pruebas de santidad admitidas en los procesos de canonización. Tiene el nombre técnico de *donum lachrymarum*.

Pero sigamos con la oración mental: durante toda ella no se pronuncia una sola palabra a no ser que se trate de un grupo de personas reunidas bajo la dirección de un sacerdote. En este caso, el director prorrumpe de vez en cuando en devotas jaculatorias con el fin de mover el corazón de los meditantes. De hecho yo mismo, poco después de mi ordenación sacerdotal... (¿qué no habré dejado yo de hacer para ser bueno, según las más diversas escuelas de perfección espiritual?) yo mismo, repito, fui varias veces director de esta farsa mística.

Durante buena parte de mi juventud mi confesor me exigió que empleara cada día una hora en la meditación, la primera parte dedicada a la lectura espiritual y la segunda de rodillas en meditación propiamente dicha. No me es fácil describir las molestias que me causaba esta práctica. Con el reloj delante de mí y apoyándome alternativamente en una de mis rodillas para aliviar un poco las molestias de aquellas posturas (debe saber que nadie usa el reclinatorio), intentaba meditar en el tema elegido, pero de lo único que era capaz era de pensar cuánto tiempo me quedaba. Sin embargo, el sincero deseo de cumplir con mi deber me llevó a perseverar en esta práctica durante varios años.

Al reflexionar ahora en aquel tiempo no puedo entender cómo fui capaz de alternar una intensa vida de estudiante con tan pesados ejercicios piadosos. Indignarme ahora de aquellos tormentos parecerá absurdo, pero en verdad me cuesta mucho trabajo moderarme cuando pienso en todo lo que he tenido que sufrir y soportar en nombre de la religión. Y, desgraciadamente, mis sufrimientos por esta misma causa son todavía más duros y amargos al llegar a la vejez. No es extraño, pues, que el nombre de religión me resulte odioso y prefiera utilizar el de *cristianismo auténtico*. Para mí, *religión* quiere decir toda clase de actitudes malignas y absurdas que siguen degradando y afligiendo a la humanidad: su único antídoto es un cristianismo auténtico.

El yugo que me habían impuesto era sin embargo demasiado pesado para soportarlo con ininterrumpida paciencia. Entre los catorce y veintiún años, edad ésta en que recibí el orden del subdiaconado que me ataba a la Iglesia para siempre, en dos ocasiones distintas sentí la tentación de abandonar la profesión clerical.

Una artificial separación del mundo y una vida limitada en sus relaciones sociales a un escaso número de personas, todas ellas de costumbres retiradas y ascéticas, me obligaba a caminar día tras día en la dirección que señalaban las ideas de mis padres. Pero desde muy joven se había desarrollado en mí una ardiente imaginación, unida a la más decidida inclinación a toda clase de diversiones que le dieran pábulo. Como pocas ocasiones tenía de pasarlo bien, la menor oportunidad de trato con los demás me llenaba de alegría. Creo que por esto mismo me ganaba fácilmente la simpatía de los más jóvenes, como de hecho sucedió con una familia sudamericana, compuesta de una viuda y sus cuatro hijos, que había traído a España para su educación. Todos ellos eran excelentes muchachos y hubieran llegado a ser hombres útiles a la sociedad si la tuberculosis no los hubiera arrebatado precozmente antes de cumplir los veinticinco años.

Esta familia acostumbraba a pasar el verano en la ciudad costera de Sanlúcar, situada a unas treinta millas de Cádiz. Venciendo no pocas dificultades, los Pastoriza —que así se llamaban— consiguieron permiso de mis padres para que pasara con ellos cuatro semanas junto al mar, el mar, esa maravillosa criatura con que tantas veces había soñado pero que nunca habían podido contemplar mis ojos.

Apenas podía comprender que fuera a gozar de tal ventura: ninguna condición me parecía demasiado dura, ningún precio demasiado alto con tal de satisfacer mis deseos. Si mis padres me hubieran exigido un año entero de ayuno y penitencia a cambio de esta felicidad, no hubiera protestado. Pero la verdad es que sus exigencias fueron muy suaves: ir a misa diariamente y confesarme todas las semanas, condiciones no difíciles de cumplir porque mis amigos las observaban escrupulosamente y, como eran menos inquietos que yo, no había duda que me ayudarían a cumplir con la rutina de estas devociones.

Pero en el protocolo convenido había un artículo que implicaba exigencias más duras. Mi padre tenía de Cádiz la misma opinión que de la pagana Babilonia. Nuestra ciudad se encontraba libre por aquel tiempo de la horrible abominación del teatro, que el partido piadoso (lamento tener que inventar nombres) había logrado mantener cerrado durante muchos años. Sin embargo, en Cádiz ir al teatro era diversión acostumbrada entre las clases mejores, algo así como dar un paseo por las murallas (recuérdese que la ciudad está casi completamente rodeada por el mar) después del trabajo del día. Así que mientras mis amigos habrían de pasar casi una semana en Cádiz yo tendría que quedarme en Sanlúcar con la vieja señora. A decir verdad ellos eran más tranquilos que yo y se les podía dar confianza, ya que eran capaces de pasar junto a un teatro sin sentir la menor tentación. En cambio a mí el canto de las sirenas me haría volver la cabeza. Por tanto, el único procedimiento seguro de no caer en la tentación era mantenerme a distancia, aunque también estoy convencido de que si me hubieran puesto esta condición la hubiera cumplido. Pero, en fin, como mis padres me habían confiado a la tutela de aquella buena señora, era ella la que tendría que decidir cualquier problema de conciencia que surgiera durante las vacaciones.

Con mi corazón latiendo con no menos fuerza que el de Colón al salir a descubrir el Nuevo Mundo, y con un espíritu no menos inflamado por el ánimo de aventura que el del inmortal navegante, me entregué en unión de mis amigos a la mansa corriente del Guadalquivir, cerca de cuya desembocadura se encuentra la aburrida ciudad de Sanlúcar. En aquel lugar el río se convierte en ancho estuario que se pierde en el próximo océano. Jamás había gozado de la contemplación de espectáculo más extraordinario, aunque el verdadero mar, el inmenso océano se abría a varias millas de distancia y para desgracia mía me estaba vedado acercarme a él. Esta circunstancia me llenaba de pesar, aunque en verdad no podía tener motivo de tristeza si consideraba la dicha que disfrutaba todos los días. La misa, que no dejaba de ser una penosa obligación, no me ocupaba más de media hora. La confesión, otra contrariedad más seria, era solo una vez a la semana y por otro lado mi vida era demasiado feliz y estaba tan llena de diversiones inocentes como para exponerme a algo que fuera objeto de penosa acusación. Al amanecer nos íbamos a la playa para disfrutar la suave brisa que sopla desde tierra en las mañanas de verano. Muchas veces nos llevábamos las escopetas y disparábamos durante un par de horas en un bosque cercano a la ciudad. En las horas del calor leíamos o nos divertíamos de cualquier manera dentro de la casa. De esta manera el tiempo se pasaba volando y se acercaba el final de las vacaciones y con ello la visita de mis amigos a la ciudad de Cádiz.

Creo que la buena señora se dio cuenta de lo inhumano que era retenerme en Sanlúcar como un prisionero y separarme de sus propios hijos, que no se alejarían fácilmente del amigo que les organizaba todos los juegos. Pero, ¿podía ella mandarme a Cádiz a escondidas y contra la expresa voluntad de mis padres? Cuestión sumamente espinosa. Ahora bien, en un país donde la conciencia de los individuos está en poder de otra persona, y así sucesivamente en interminable cadena de rendiciones morales, no es la inmutable disciplina de la determinación personal la que decide el deber, sino que todo lo que se hace es por obediencia a las opiniones de un extraño, y aun esa misma obediencia no se impone de manera absoluta ya que está inseparablemente relacionada con la existencia de un supremo poder dispensador. Por tanto, si una persona puede conseguir una opinión favorable a sus propios deseos, toda la responsabilidad moral de la acción recae en el consejero y el interesado tiene plena libertad de hacer su voluntad. El consejero, por su parte, al no tener conciencia personal de la acción tampoco puede tener remordimiento y, como consecuencia lógica del sistema, la moralidad del país, salvo el caso de personas excepcionales, carece de firme fundamento de la responsabilidad personal.

Aunque lo que acabo de decir es demasiado serio como para ilustrarlo con el pequeño problema de si iba o no iba a Cádiz, no hay duda de que se puede aplicar a casos y circunstancias de más trascendencia. Mi padre no podría quejarse de que sus instrucciones no se hubieran cumplido si la señora consultaba a su confesor y éste decidía a mi favor, no aplicando el rigor de la ley sino siguiendo la más suave regla de la equidad o *epiqueya* del caso, como los manuales de teología moral (que no abundan en palabras griegas) designan esta clase de decisiones. Para mi ventura el sacerdote consultado se inclinó a una interpretación benigna y me permitió ir a Cádiz aunque como si fuera un paquete de contrabando. En efecto, mi padre no debía ser informado y, para evitar toda posibilidad de que llegara a sus oídos, se convino en que no visitaría a algunos parientes que teníamos en aquella ciudad. Como ellos no me conocían, el simple hecho de no ir a verlos era suficiente para que no se enteraran. Pero había algo que, en opinión de mi gentil guardiana, serviría para redimir cualquier sombra de culpabilidad que pudiera haber en el engaño, y era que no iríamos al teatro. Así lo prometimos solemnemente y la promesa fue cumplida.

Cádiz es una ciudad extraordinaria, capaz de cautivar a cualquier viajero más maduro y experimentado que yo en aquellos años. Mi estancia en ella, aunque corta, fue completamente feliz y libre de toda falta. Regresé a mi casa muy consciente de mi propia importancia, aunque obligado a guardarla celosamente en mi interior, porque ingenuamente creía que el haber navegado unas cuantas millas por el mar, haber visto de cerca un barco de guerra y haber pasado una semana en Cádiz, me había elevado a un supremo grado de cultura y conocimiento del mundo, mucho mayor que el de mis menos afortunados amigos de Sevilla.

Sin embargo, aunque mi excursión veraniega estuvo libre de todo pecado, lo cierto es que después de ella empecé a sentirme menos dispuesto hacia el estado eclesiástico. Este creciente disgusto hubiera alterado radicalmente el rumbo de mi vida de no ser por el oportuno remedio de los llamados Ejercicios Espirituales de San Ignacio de Loyola, cuya descripción se encuentra en las Cartas de Doblado.

El sistema de los Ejercicios es una obra maestra de la máquina clerical. No quiero decir con esto que los mecánicos que la manejan tengan la intención premeditada de engañar a la gente; al contrario, la mayor parte de ellos estaban vencidos por el mismo engaño con que ellos pretendían ganar a los demás. Sin embargo, también es cierto que no podían menos de darse cuenta de la utilidad del instrumento y de cómo ganaban más adeptos a su causa.

Al atardecer del día señalado para el comienzo de los Ejercicios, cuarenta o cincuenta hombres de diferentes edades y profesiones, pero la mayor parte de ellos de las clases media y alta y solo en raras ocasiones algunos de condición humilde, se presentaban al padre Vega, director de San Felipe Neri, que previamente los había admitido, para tomar por primera vez un curso regular de la conocida disciplina, o bien para volver a recibir sus beneficios. El Padre Vega, persona realmente extraordinaria, había hecho construir un nuevo edificio en el convento de San Felipe con el único fin de servir de hospedaje a los ejercitantes en las seis o siete veces que se convocaban cada año.

Este sacerdote estaba dotado de grandes cualidades, pero su extraordinaria influencia sobre los demás se debía particularmente a un profundo conocimiento de la humanidad, una gran confianza en sí mismo y una tosca aunque apasionada elocuencia que se unía a los más vehementes sentimientos religiosos. No me cabe la menor duda de que era un hombre sincero, pero también estoy convencido de que amaba el poder y sabía conseguirlo usando la técnica más depurada y eficiente. Ningún potentado oriental podría llegar a superar sus dotes de mando, que rendían a los espíritus más resueltos en cuanto entraban bajo su influencia.

Durante los seis o siete años que frecuenté el Oratorio tuve ocasión de conocer a cientos de personas que iban en busca del padre Vega. Puedo decir que aun aquellos que llegaban contra su voluntad y dispuestos a no dejarse vencer, como sucedía por ejemplo con muchos que el arzobispo de Sevilla mandaba a hacer ejercicios antes de recibir la ordenación sacerdotal, no podían menos de sentirse impresionados en su presencia. Sabía adoptar una sorprendente variedad de actitudes y expresiones de acuerdo con el carácter y condición de sus interlocutores, de tal forma que no era difícil adivinar con quién estaba hablando el padre Vega solo con escuchar lo que decía.

Su presencia personal no era menos impresionante. A los fisonomistas y *frenólogos* quizá les pueda interesar saber que un excelente busto de Oliverio Cromwell que tuve ocasión de contemplar frecuentemente en los dos primeros años de mi estancia en este país, me traía inevitablemente el recuerdo de mi antiguo director espiritual. Que esta impresión no es una pura fantasía mía puede probarlo lo que le pasó a un joven irlandés residente en Sevilla y buen amigo mío, que a instancias de mi padre hizo Ejercicios Espirituales con el padre Vega. Él mismo me dijo que cada vez que se encontraba delante de él no podía menos de pensar en los retratos de Cromwell que tantas veces había visto en su país.

Tenía una voz ronca y nasal, pero en la capilla privada que había preparado para los ejercitantes sabía modular el tono de su voz con sorprendente efectividad. La celebración de la misa le afectaba de tal manera que sus ojos derramaban torrentes de lágrimas especialmente en el momento de la consagración. Quizás algunos pudieran pensar que era un buen actor, pero yo, que lo conocía muy bien, después de haber meditado muchas veces sobre su persona me veo obligado a librarlo sinceramente de este cargo. Las formas que reviste el entusiasmo son en verdad innumerables y todavía no se ha estudiado suficientemente la manera en que la consideración de las cosas invisibles, cuando se meditan con especial vehemencia, pueden afectar el sistema nervioso. En los países católicos es un hecho perfectamente normal la tendencia a la *histeria* religiosa, histeria que de ninguna manera está relacionada con lo que llamamos debilidad nerviosa o nerviosismo. La persona a que me refiero no padecía de ninguna afección nerviosa, sino que por lo contrario en cuanto a firmeza y decisión podía ser muy bien comparado con el reformador escocés Knox. Como confirmación de su entereza puedo añadir que a él fue a quien los inquisidores de Sevilla, aquella jauría de encapuchados mastines sedientos de sangre, demasiado cobardes para hacerlo ellos mismos, transmitieron el penoso deber de escuchar la confesión de la mujer que habían condenado a muerte, en el mismo lugar del suplicio. No tengo por qué volver a contar aquella horrible historia, y ciertamente no lo haré. Pero probablemente recordará usted que el miedo y la debilidad hicieron que aquel pobre despojo humano se arrepintiera cuando ya era demasiado tarde para salvar su vida. En fin, mejor será que vuelva a mis Ejercicios Espirituales.

Conforme llegaban los ejercitantes en la noche en que iban a comenzar su retiro, se acercaban a besar humildemente la mano del Padre Vega, y tras unas breves palabras de saludo se dirigían a las habitaciones que les habían asignado. Estas eran capaces para dos personas y consiguientemente los ejercitantes eran distribuidos en parejas que habrían de compartir la misma habitación. Sin embargo, de acuerdo con las reglas de la casa, a los ocupantes de un mismo dormitorio, técnicamente llamados *compañeros*, les estaba prohibida toda conversación salvo en ocasiones indispensables y aun en este caso solo en voz baja. Poco después de haber ocupado sus cuartos, el sonido de una gran campana anunciaba la primera reunión en la capilla. Este lugar se encontraba casi a oscuras, ya que solo una linterna cerrada por tres de sus lados y abierta por uno iluminaba débilmente una imagen de Cristo agonizante en la cruz. Como la intención del escultor era solamente la de impresionar a los que la contemplaran sin la menor concesión al buen gusto, la imagen era de tamaño natural, con ojos de cristal y el cuerpo pintado de colores vivos que mostraban la carne manchada de sangre en muchos lugares.

Cuando los asistentes habían tomado asiento uno de los sacerdotes que ayudaban al Padre Vega leía, en medio de un profundo silencio, el tema de la meditación de aquella primera noche. La lectura duraba media hora y al final todos se arrodillaban para meditar durante otra media hora sobre lo leído. En el primer cuarto de hora de la meditación lo único que se escuchaba era el péndulo del reloj que marcaba el tiempo. Consciente, sin embargo, de que muchos de sus pacientes espirituales se perderían en divagaciones de todas clases si no se les echaba una mano, el Padre Vega los estimulaba con lo que en el lenguaje de las prácticas ascéticas se llaman *jaculatorias*. Era algo así como si sus pensamientos crecieran tanto y se hicieran tan vehementes que no pudieran ser contenidos por más tiempo en su pecho y no tuvieran mas remedio que reventar en contra de su voluntad. Al principio las jaculatorias eran cortas y bien espaciadas, pero poco a poco se iban haciendo más frecuentes y largas, hasta que cerca del final de la meditación el monótono canto de las jaculatorias se convertía en gritos de agonizante, con el sonoro acompañamiento de fuertes golpes de pecho, a los que se unían los asistentes según se sentían movidos, muchos de los cuales repetían las mismas palabras del director y pedían a voz en grito el perdón de Dios.

Pero la primera reunión no daba ocasión para ver los verdaderos resultados del arte del Padre Vega. Él conocía demasiado bien el alma humana como para aplicar de repente un impulso tan violento que pudiera producir retraimiento. Como los ejercitantes iban a estar bajo el efecto de sus encantos durante diez días, podía actuar sin prisa. Durante todo este tiempo los ejercitantes no podían salir de la casa ni ver a sus familiares más próximos salvo un par de veces y durante breves minutos. Se levantaban a las cinco de la mañana. El plan del día consistía en tres horas de meditación, una hora de lectura sobre la vida de un santo, que todos escuchaban sentados en la capilla, y como último acto del día inmediatamente después de la cena y antes de retirarse a descansar, un sermón improvisado del Padre Vega que duraba hora y media.

Pero no era esta estricta e ininterrumpida disciplina el único medio empleado para inquietar y dominar el espíritu. También se utilizaba toda una variada gama de terrores espirituales que después de llegar al punto más alto cedía el paso a sentimientos de profunda alegría. Esto sucedía especialmente en el tercer día de los Ejercicios, en el que la materia de meditación era la eternidad de las penas del infierno. No es fácil describir los medios utilizados para impresionar a la imaginación con la presentación del tema, en la que con los más vivos colores de la oratoria se contaban al detalle toda clase de tormentos que podían torturar el cuerpo y hacer agonizar el alma. El tema de la meditación de la mañana era la condenación al infierno de un alma pecadora. Los aullidos de los espíritus infernales celebrando su triunfo;

la primera inmersión del desgraciado ser en las llamas eternas; sus gritos de desesperación, sus blasfemias contra el cielo, los aplausos con que el demonio y sus ángeles celebraban las exclamaciones más horribles: todo se refería con repugnante minuciosidad. Las jaculatorias del director servían para añadir pinceladas de luz espeluznante a este cuadro, sin que de sus labios salieran palabras de perdón y misericordia. Su voz se iba apagando lentamente, ahogada por los suspiros y sollozos que se multiplicaban a su alrededor. Cuando el sacerdote se daba cuenta de que la congregación había llegado al paroxismo del terror, cambiaba súbitamente de tono de voz y con acento sosegado y casi amistoso aseguraba a sus oyentes que en las condiciones en que se encontraba su espíritu, oprimido y agobiado por la idea del pecado y su apropiado castigo, le era imposible hablar de perdón y misericordia. Por tanto no tenía más remedio que despedirse de sus oyentes y dejarlos entregados a sus propios pensamientos. Dicho lo cual daba una palmada (la señal acostumbrada de despedida) y se retiraba a la sacristía.

Cualquiera que contemplara a los ejercitantes al salir de la capilla camino de sus habitaciones, se hubiera podido imaginar fácilmente a un grupo de cuarenta o cincuenta prisioneros que acababan de ser condenados a muerte. Algunos se tapaban el rostro con las manos y a duras penas podían refrenar el llanto. Otros no se atrevían a alzar la vista del suelo y mostraban evidentes señales del más profundo desconsuelo. Todos en una palabra se mostraban hondamente afectados.

La escena cambiaba completamente por la tarde. La lectura preparatoria de la meditación hablaba de esperanza y perdón. Las jaculatorias tenían un tono muy distinto y querían apaciguar el corazón, hasta entonces cruelmente atormentado. Nuevamente las lágrimas brotaban de los ojos de los asistentes, pero esta vez eran lágrimas frescas y reconfortantes que anunciaban sentimientos de gratitud, ternura y amor. El cambio se debía a una nueva actitud espiritual de los ejercitantes, y que ciertamente no había surgido de la nada o por casualidad. El mismo aspecto de la capilla predisponía para ello. Ya no parecía una lúgubre bóveda como antes. Por el contrario en el altar ardían seis velas de cera que iluminaban una sonriente imagen de la Virgen María, como dispuesta a saludar a los atribulados penitentes conforme entraban en el templo. En efecto, la Virgen María era el objeto principal y universal de las consideraciones de aquella tarde. Era ella la que nos alcanzaría el perdón, ella era la Madre de Misericordia, ella compendiaba todo lo que las palabras pueden expresar de amor, ternura y comprensión. Las jaculatorias que el director le dirigía mientras transcurría el tiempo de la meditación, eran como las de un enamorado y ardoroso galán requebrando a su excelsa señora. En medio de estos apasionados arrebatos se empezaba a oír de repente el sonido de la música que provenía de una alta galería situada a los pies de la capilla. Un grupo de voces, acompañadas por instrumentos musicales, cantaba las alabanzas de la Virgen, Refugio de los Pecadores. Al llegar este momento el Padre Vega se levantaba y, tomando en sus manos el cuadro de la Virgen, lo presentaba a los presentes para que lo besaran devotamente. Me temo que pueda resultar sospechoso de exageración, pero ni me gusta ni tengo tiempo de escribir afectadamente, y ciertamente no hago más que dar fe de un hecho real al decirles que los gemidos convulsivos de los ejercitantes eran tales que apagaban el sonido de la música.

Este era el momento designado para comenzar las *confesiones generales*. Este nombre puede inducir a engaño a los protestantes, ya que no quiere decir un reconocimiento genérico de ser pecador, sino más bien todo lo contrario: una relación detallada de las faltas cometidas a lo largo de toda la vida. Todo pensamiento, palabra y obra, más aún cualquier duda o inseguridad de conciencia que se recuerde, todo ha de ser sometido al sacerdote delante del cual el penitente arrodillado hace su confesión. Relación *larga* no solo porque este detallado examen dura cuatro o cinco días, sino porque el penitente tiene la impresión de que cualquier negligencia suya en esta confesión lo hará culpable de una falta mucho mayor que la de todos sus pecados anteriores. No es de extrañar, pues, que esta confesión produzca en las personas sinceras y sensibles un grave estado de mórbida ansiedad, del que solo pueden hacerse una idea aproximada los que lo han experimentado.

No voy a insistir en las razones de mi convencimiento de que la confesión auricular es una de las prácticas más malignas de la Iglesia Católica, porque ya lo he tratado detenidamente en otro lugar. Los que conocen algo de filosofía moral saben muy bien que esta minuciosa atención a cada una de las faltas personales, no para conocer su causa profunda sino para asegurarse de si son pecados *veniales* o *mortales*, según el criterio de otra persona, esta minuciosa atención, digo, tiene que impedir en la mayor parte de los casos el desarrollo normal de la conciencia personal e incluso puede llegar a destrozarla en muchos casos. Mi experiencia me dice (y he tenido muchas y muy buenas oportunidades de observar los efectos del catolicismo en mí mismo y en otros), que los daños de la confesión auricular son mayores según sea mayor la sinceridad con que se practique. Sé que lo que voy a decir parecerá duro y difícil de creer, pero no voy a ocultar ni a disimular la verdad. Muchos fueron los males que me ocasionó mi subsecuente período de incredulidad en el cristianismo (descreimiento lleno además de despecho por los sufrimientos que me habían infligido en su nombre), pero creo firmemente que de no haber pasado y sufrido los duros golpes de tan peligrosa tormenta, poco me hubiera quedado de la espontánea sensibilidad moral que Dios me había dado, que no hubiera destruido el mortífero veneno de la confesión. Y puedo afirmarlo además basado en mi conocimiento personal de la secreta conducta de muchos sacerdotes que eran considerados como modelos de devoción. Al igual que estos desgraciados esclavos, la costumbre de pecar y lavar el pecado después por medio de la confesión, me hubiera hecho cada vez más cínico. Sin embargo, libre de una práctica tan degradante, mi conciencia personal vino a ser la regla de mis actos, que independientemente de todo temor de castigo y esperanza de premio, claramente condenaba lo que era evidentemente malo, y llegó a saber actuar por el poder de su propia autoridad.[2]

Recuerdo con agradecimiento y satisfacción que en mi espíritu había un amor espontáneo a todo lo bueno y un aborrecimiento natural a todo lo degradante y malo, aunque estuviera santificado por la superstición religiosa. En mi confesión general ocurrió algo que lo prueba y que como de alguna

---

2   Libre al fin, como de hecho me siento al copiar en 1835 mi manuscrito original, del hábito tempranamente adquirido y profundamente arraigado de la humildad ascética que considera un deber cristiano exagerar las faltas personales, me veo obligado a declarar que pocos fueron mis actos en aquellos años que ahora merecerían mi reprobación, y que aun aquellos que la pudieran merecer estaban rodeados de unas circunstancias que los excusaban en gran parte. Yo no me justifico a mí mismo delante de Dios, pero los hombres, tales como son, no tienen derecho a condenarme. Las circunstancias de mi vida eran muy duras y difíciles, pero sin embargo doy gracias a Dios de todo corazón porque su providencia veló sobre mí y me libró de cometer acciones que fueran después fuentes de remordimiento en mi ancianidad.

manera ilustra los sentimientos de mi alma, no voy a dejar de contarlo. Mi buen amigo Mármol me había dejado un tratado de Muratori, ortodoxo en todo menos en un lugar en el que el autor desaprueba el solemne juramento hecho frecuentemente en España por el cual una persona se compromete a derramar hasta la última gota de su sangre antes de admitir que la Virgen María fue concebida sin pecado original. La doctrina de la Inmaculada Concepción, como se le llama, no es un dogma de fe de la Iglesia Católica. Lo hubiera sido ya de no ser por la violenta oposición de los dominicos, que hacía peligroso para la unidad de la Iglesia el añadir este artículo de fe al Credo católico. En efecto, condenar como herejes (pues tal hubiera sido el resultado de esta decisión) nada menos que a los fundadores y principales defensores de la Inquisición no casaba bien con la cauta inspiración del Papa y los cardenales. Sin embargo, como por otro lado la creencia en la Inmaculada Concepción se había hecho muy popular y toda la nación española pedía este privilegio para su celestial Patrona, Roma tomó el camino de en medio que, aunque un poco difícil de entender a los que están fuera de su influencia, no dejó de conseguir el fin pretendido, es decir, acabar con una peligrosa controversia utilizando unos medios que aunque no dejaban de alabar a los que habían apostado más en dogmas, sin embargo no condenaba a los que habían mostrado un apetito menos voraz por nuevas creencias. El Papa concedió la celebración de una fiesta anual para honrar el misterio de la Inmaculada Concepción al propio tiempo que prohibía a los católicos poner en duda la exención de la Virgen María del pecado original. También se estableció una orden de caballería, distinguida con las insignias de la Inmaculada Concepción, y cuyos caballeros habrían de prestar juramento de defender esta creencia aun a costa de la propia vida. Todas las corporaciones y gremios de España adoptaron la misma práctica, de tal manera que ni aun un sastre podía manejar legítimamente su aguja sin antes ofrecer su sangre en defensa del honor de la Virgen María.

El sabio Muratori junto con otros teólogos italianos y franceses había puesto en tela de juicio la moralidad de este *juramento de sangre*. La Iglesia guardó silencio pero la Inquisición española condenó el libro. Como el peligroso párrafo en cuestión no ocupaba más de media página, mi amigo Mármol, a quien le gustaba el resto de la obra, juzgando que el santo tribunal había sido demasiado severo, se tomó la libertad no solo de tener el libro, sino aun de prestármelo para que lo leyera. No pude menos de recordar este hecho al hacer el examen de conciencia en medio de los terrores suscitados por los Ejercicios espirituales. Tenía que preparar la confesión con la ayuda de un Interrogatorio impreso en el que se reseñaban cuantas especies y formas de pecado había sido capaz de establecer la casuística de los moralistas. La lectura de libros prohibidos era materia cierta de acusación, seguida del deber de informar de la persona conocida de poseerlos. Yo sabía bien que el confesor no podía usar una información de este tipo que le hubiera sido facilitada durante la confesión, y que tampoco era necesario descubrir el nombre de la persona que tenía el libro, pero también conocía muy bien que no me darían la absolución de mis pecados de no ser que autorizara al confesor a informar a la Inquisición, o bien que me comprometiera a hacerlo yo personalmente.

Profundamente atribulado expuse el caso al subdirector de la casa, a quien había escogido como confesor, el cual me dijo que no podía darme la absolución a no ser que le prometiera formalmente que acusaría a mi amigo de haberme prestado un libro prohibido. Me acuerdo como si fuera hoy de cómo le contesté con temblorosa pero firme resolución que más bien quería ir al infierno que traicionar a un amigo. El sacerdote no dejó de sentirse impresionado por mi firme actitud y retrasó su decisión hasta el último día de los Ejercicios. Creo que llegó a consultar al Padre Vega, que como hombre inteligente y probablemente conocedor de que el libro en cuestión no era peligroso de ninguna manera, le aconsejaría que no insistiera en que acusara a su dueño. Tan solo me amonestó para que previniera a mi amigo a no tener en su poder un libro prohibido por la Inquisición. Acepté la admonición y pude recobrar la paz.

No le voy a cansar con la narración del resto de los Ejercicios Espirituales. El sistema era esencialmente el mismo desde el principio al fin, con la única salvedad de que de la misma manera que durante la primera parte se movían todos los resortes para aterrorizar el espíritu, en la segunda mitad se pretendía conseguir un cambio total de sentimientos de ánimo, es decir, hacer que los ejercitantes llegaran a ese estado especial del alma, esa blandura espiritual de tipo religioso que debilita las facultades mentales e infantiliza el carácter moral de los individuos.

No es fácil describir lo que sucedía en la capilla el día último de los Ejercicios. A la vista de los asistentes se exponía con toda solemnidad la hostia consagrada, guardada en un viril de oro y diamantes, que sostenía una bellísima custodia de riqueza y esplendor extraordinarios. El altar era una masa de luz por el gran número de velas de cera que sobre él ardían. El sonido de la música era continuo y solo se interrumpía de cuando en cuando para permitir al Padre Vega invocar a la Divinidad corporalmente presente con arranques casi frenéticos de apasionada ternura. No voy a repetir ninguna de las asombrosas (sería más exacto decir reprobables) expresiones que aquel guía espiritual usaba en aquellos momentos, la mayor parte de ellas tomadas de los místicos y algunas de los Padres de la Iglesia, pero que en realidad, cualquiera que fuera su origen, no dudo en considerar no solo irreverentes sino casi rayanas en grosería. Para concluir este largo episodio de mi relato le diré que antes del amanecer del día siguiente, el Director celebraba una misa cantada en la que todos los reunidos recibían la comunión. Al término de la ceremonia todos abrazaban al Padre Vega, de acuerdo con la costumbre española, y se volvían a sus casas.

El efecto de esta disciplina en mi espíritu y en mis sentimiento fue en verdad muy poderoso, pero dentro de mí había también por fortuna una secreta fuente de resistencia que se rebelaba ante este aspecto de mi educación, y sin la cual mi temperamento ardiente me hubiera convertido en un visionario. A pesar de mi sincero deseo de alcanzar la suma perfección espiritual que tan insistentemente me exigían, nunca fui capaz de sobreponerme a mi natural aversión hacia aquella espiritualidad empalagosa y sentimental. Aunque también brotaban lágrimas de mis ojos y de mi pecho salían sollozos convulsivos, no podía menos de repeler aquella extraña mezcla de afectos animales (no se me ocurre un nombre mejor) con materias espirituales, en que consiste la auténtica esencia del misticismo. Estos sentimientos espontáneos me fueron muy beneficiosos durante el tiempo en que practiqué las funciones de confesor y gocé de los peligrosos privilegios del sacerdote católico. Dios, a quien doy gracias por esta protección especial, sabe muy bien que, tanto como creyente que como incrédulo, siempre me repugnó aprovecharme de la religión para cualquier propósito inmoral, y de esta mancha estoy libre.

Siguiendo con la narración de mi vida le diré que las dudas que me habían asaltado sobre mi futura profesión fueron ciertamente disipadas con la práctica de los Ejercicios, aunque volví a sentir la necesidad de su influencia conforme se aproximaba la fecha en que me iba a atar para siempre al servicio de la Iglesia. La menor desviación del camino regular de mi vida, el menor contacto fuera de la sociedad en que me tenía encerrado la activa sagacidad de mi madre, no dejaba de enfriar de alguna manera mi inclinación hacia el sacerdocio.

1795, 20 años
El año antes de recibir el subdiaconado fui a visitar a mis parientes de Cádiz. Este viaje contaba con el consentimiento de mis padres, pero creo que debieron lamentar el habérmelo dado, según el estado de ánimo con que volví a mi casa. Mis temores de no ser feliz en la Iglesia habían aumentado de tal manera que, aun sintiéndolo profundamente, me atreví a manifestar abiertamente el estado de mi espíritu. Mi madre me escuchó con las naturales muestras de dolor que una mujer de temperamento ardiente, inflamado además por sus sentimientos religiosos, no puede menos de mostrar al ver que alguien se opone a su voluntad más decidida. Desde aquel momento siempre que me miraba se le arrasaban los ojos de lágrimas.

No es para alabarme (al contrario, considero que éste es uno de los rasgos más débiles de mi carácter) por lo que menciono mi total anonadamiento, mi absoluta debilidad cuando veo que hago sufrir a un ser humano, especialmente a los que quiero con amor singular. Creo que el sentimiento del deber me ha mantenido firme en muchas situaciones difíciles, como sucedió cuando la intolerable sensación de mi esclavitud espiritual me llevó a separarme con dolor de mi familia y de mi patria. Pero estoy seguro de que la mayor parte de las acciones de las que me arrepiento ahora y que quisiera poder rehacer son fruto de esta debilidad mía. Pero, ¿qué cabía esperar de un joven de veinte años menos experimentado en la vida que un escolar inglés de doce? Sin embargo, a pesar de mi débil corazón tuvo coraje suficiente para perseverar en mi resolución cerca de un mes.

Mi padre me hubiera ayudado porque era hombre juicioso y consideraba todo con calma, y sobre todo nunca tomaba sus deseos personales por deberes religiosos, pero le faltaba resolución, más aún, puedo decir que había renunciado completamente a tomar decisiones: la regla de todos sus actos era el juicio y determinación de su confesor. Pero creo que en esta ocasión fue mi madre la que lo tuvo todo en secreto para ser la única que decidiera. La apariencia seca y reservada de mi padre no concordaba con la ternura de su corazón, y yo mismo no llegué a conocerlo bien hasta que no me esforcé en descifrar su carácter. Recuerdo perfectamente que el día antes de atarme de forma irrevocable a la Iglesia y a la ley del celibato, me llevó aparte para decirme que todavía estaba a tiempo de escoger otro camino, y que si no me gustaba la profesión para la que había sido educado, él se comprometía a buscarme otra. Si me hubiera dicho esto mismo un par de años antes, entonces sí que hubiera tenido libertad de escoger, pero entonces era ya demasiado tarde. En aquel momento estaba completamente sometido y conquistado por el amor de mi madre y convencido de que hacerla feliz a ella era la única manera de asegurar mi propia felicidad. Además, ella había sabido ganar a su favor a todos los que, jóvenes o mayores, tenían alguna influencia sobre mí. Arjona fue su más poderoso auxiliar. Creo que cuando me iba a ordenar de subdiácono él era ya sacerdote y además confesor mío, autoridad que ejerció sobre mi conciencia alrededor de dos años.

Ciertamente, todos los comprometidos en la confabulación (creo que realmente lo era) de conquistarme para la Iglesia lo hacían por motivos que no puedo condenar: todos me querían y todos eran sinceros. La Providencia ha convertido en bien mío todo lo que hicieron, pero, a pesar de todo, ¡qué amargura no emponzoñaría el corazón de mi madre a partir del día en que mi intolerable agonía espiritual me hizo abandonar mi casa por primera vez y buscar en Madrid una leve sombra de libertad! ¡Cuál no sería su angustia al verme salir camino de Inglaterra sospechando claramente que nunca más habría de volver! Con todo, mi desgracia no era más que el resultado directo de sus planes. Mi cabeza me da vueltas cuando vuelvo a recordar todos aquellos tristes sucesos, y me doy cuenta de que la mención del tardío ofrecimiento de mi padre de procurarme otra profesión me ha hecho romper la narración de mis esfuerzos por dejar la Iglesia, sobre los cuales prevaleció al final la voluntad de mi madre. Terminaré en breves palabras: propuse que me dejaran ingresar en la Armada, porque en aquel tiempo los marinos recibían una esmerada educación científica y yo no era capaz de resignarme a una vida de ignorancia. Mi madre se daba buena cuenta de ello y, probablemente con la aprobación de los teólogos que consultó al respecto, no me dejó ninguna alternativa: tendría que volver al odiado escritorio del cual me había escapado para buscar refugio en la Iglesia. No tuve más remedio que ceder y al hacerlo así, la alegría de secar las lágrimas de mi madre me pareció que renovaba mi vocación por la profesión eclesiástica.

1796, 21 años
Al llegar a la mayoría de edad mis padres no perdieron un momento en consumar mi compromiso con la Iglesia. Una vez sometido a la ley inflexible que invalida el matrimonio de quien ha recibido el orden del subdiaconado, dejaron de vigilar mis relaciones con el mundo. No quiero decir con esto que mi madre (el principal autor de todo lo que se relacionaba conmigo) fuera indiferente a los peligros morales que pudiera encontrar en mi camino, sino que al verse libre del temor de mi posible cansamiento suavizó considerablemente las precauciones que hasta entonces había tomado para asegurar mi unión a la Iglesia. Pero no soy capaz de seguir con mi narración sin intentar librar a la más excelente y mejor dotada de las madres de cualquier sombra de egoísmo mundano que pudieran atribuirle mis lectores ingleses.

A cualquiera que no haya nacido en este país le será sencillamente imposible formarse siquiera una mediana idea de la influencia de la religión de España sobre las ideas morales y sentimientos de sus habitantes. Si la delicadeza permitiera contar con detalle los efectos de esa ley horrible que no solo obliga a los sacerdotes a guardar el celibato de por vida, sino que les impide que recobren su libertad abandonando su oficio, se podría demostrar con todo fundamento que dondequiera que existe esa ley las normas de moralidad tienen que sufrir una evidente degradación, aun en el caso de aquellas personas que (como a la que me refiero) pueden ser consideradas como ejemplo de conducta intachable. No hay ningún español, cualquiera que sea su clase o condición, que ignore el hecho de que el celibato del clero se guarda a costa de la moralidad del país. Nadie lo sabe mejor que el clero, tanto por su propia experiencia como por el conocimiento directo de la vida de los demás que adquieren en el confesonario. ¿Puede decirse entonces que todos ellos fomentan esta fuente de inmoralidad al mostrarse indiferentes a sus consecuencias? No sería justo acusar indiscriminadamente a tantas personas de esta falta deliberada, pero el resultado práctico en cuanto se refiere a la opinión pública es el mismo que si de hecho admitieran como algo normal esta situación moral.

Como prueba de los sentimientos que prevalecen en las personas más irreprochables y honestas de mi desgraciado país, puedo decir que los *chistes* sobre el celibato del clero son materia acostumbrada en muchas conversaciones con tal de que no pasen más allá de insinuaciones generales contra la idea que hay que mantener de que la ley eclesiástica es y puede ser guardada, y también con tal de que estas insinuaciones se hagan sin ofender la delicadeza de los interlocutores. Mi misma madre, de quien no tengo que volver a decir que nunca conocí un modelo más alto de moralidad, solía contar la historia bien sabida de un viejo obispo que iba a conferir las órdenes sagradas. A los que habían recibido las llamadas *menores*, que no obligan todavía al celibato, el bienintencionado prelado los despedía con este consejo: *Guárdate de ellas*. Pero cuando se dirigía a los ordenados de subdiáconos cambiaba las palabras del consejo y les decía: «Que ellas se guarden de ti». La *santa* Iglesia Católica sanciona en la práctica el consejo del obispo. ¿Cómo es posible que sus *falibles* súbditos vayan a pretender mejorar lo que ella piensa y hace? Los católicos creen que el celibato del clero es necesario, puesto que la Iglesia lo impone. Evidentemente, esta disciplina es la causa de problemas morales: la solución es que cada uno se las arregle como pueda. Si cae, seguramente se dará cuenta bien pronto de su error; después de todo el mal no es más que accidental, mientras que las ventajas de la Iglesia son sustanciales y permanentes.

Con la *seguridad* (citando las ideas del viejo obispo) que la ordenación de subdiáconos me había conferido, iba a emanciparme por fin de la estricta disciplina infantil en que había transcurrido mi juventud. Dos caminos había para conseguir el alto puesto en la Iglesia que mi familia deseaba para mí —me refiero a un puesto superior al del clero parroquial. Uno era procurarse una buena recomendación en la Corte, y el otro era hacer un brillante papel en las oposiciones públicas a un cierto número de plazas que la Iglesia reserva para sacerdotes de reconocido mérito literario. Ninguna posibilidad tenía yo de conseguirla por el primer camino, mientras que el segundo presentaba más agradable perspectiva. Sin embargo, aun en el supuesto de que mi inteligencia me asegurara una exhibición literaria superior a la media de los que se presentaban a estos concursos, la verdad es que no siempre se podía contar con la seguridad de que la plaza fuera para el mejor y más inteligente de los aspirantes. Los jóvenes clérigos bien dotados para tomar parte en estas pruebas han de presentarse más de una vez en el campo de batalla, al igual que los jóvenes caballeros en los antiguos torneos que no tenían más ambición que la de darse a conocer. El *opositor* que no lleva a estas justas literarias más que su inteligencia, a no ser que se muestre como un verdadero prodigio de sabiduría ante sus jueces y el público, se llevará viajando de uno a otro extremo del país y gastará la mitad de su vida en oposiciones sin obtener más que el acostumbrado certificado de haber dado completa satisfacción.

De problemas como éstos habían estado libres hasta unos treinta o cuarenta años antes de la fecha a que me refiero, los aspirantes que pertenecían a los Colegios Mayores. Cualquier colegial estaba seguro de contar con la influencia y ayuda de los que como él habían llevado la beca, como se llama al atuendo distintivo de los Colegios, y la opinión pública los consideraba suficientemente cualificados para los mayores honores de la Iglesia y la Justicia. En las *Cartas* de Doblado encontrará usted la narración de cómo los Colegios Mayores de Castilla fueron privados de estos privilegios, y de cómo el de Sevilla conservó buena parte de su antiguo prestigio y dignidad ante la opinión pública. En los años a que me refiero, los Colegios de Castilla se vieron obligados a admitir a personas de las clases bajas y plebeyas, y el de Sevilla, que desde comienzo del siglo XVI había sido con respecto a la Universidad lo que los *Fellows* de los Colegios de Oxford son con respecto a los que admiten en sus libros como simples *Members*, fue desposeído de este privilegio. Pero como el Colegio pudo seguir eligiendo a sus colegiales de la misma manera que antes, no quedó alterada la alta estima que tenían ante la opinión pública, y también permaneció en todo su vigor una especie de masonería que obligaba a los antiguos colegiales a ayudar a los nuevos en sus oposiciones y a considerarlos como amigos de la familia y casi como parientes. La renta de una plaza de colegial era verdaderamente muy exigua, ya que no pasaba de cubrir los gastos de comida y alojamiento. Sin embargo, con respecto al futuro no eran nada despreciable las ventajas que llevaban consigo el haber sido colegial. Además suponía un gran incentivo para un joven, dada la importancia social a que de pronto se veía alzado en la ciudad.

La elección de una plaza de colegial no se hacía mediante un concurso libre de candidatos, sino cuando el Colegio acordaba invitar a un joven estudiante universitario que ellos consideraban una buena adquisición. No fue mi amigo Arjona quien me consiguió el honor de esta invitación. Poco tiempo antes había conseguido una silla coral en la Capilla Real, a la que yo mismo iba a pertenecer más tarde, e incluso de la misma manera (es decir, por medio de unas oposiciones públicas) que yo la obtendría después de que él hubiera ganado una canonjía en Córdoba. Poco después de ser capellán real, el Arzobispo de Sevilla, que también era cardenal, lo llevó como capellán suyo en un viaje que tuvo que hacer a Roma. Fue precisamente durante la estancia de Arjona en Roma cuando le ofrecieron a mi padre la plaza de colegial para mí.

Estoy seguro de que le divertirán a usted las viejas costumbres que se observaban con motivo de la admisión de un nuevo colegial, y por esta razón, aunque poco tienen que ver con el objeto principal de este esbozo biográfico, se las voy a referir.

El primer paso es la *Prueba Sumaria* con respecto a la legitimidad, limpieza de sangre, nobleza y demás circunstancias del candidato. Tres testigos tomados de entre las familias más notables de la ciudad tienen que presentarse al Rector del Colegio y declarar bajo juramento lo que conocen con respecto a este punto. Los tres testigos y el Rector firman la declaración que se presenta después a la aprobación del Colegio y se guarda en el Archivo. Esto no es más que una medida de precaución para que no suceda que cuando el candidato se presente a los exámenes de la Facultad de Teología o Derecho (según sea la plaza de colegial vacante) y sea aprobado, la *investigación pública* de su genealogía que ha de hacerse, saque a la luz alguna antigua mancha casi olvidada y lo cubra de oprobio tanto a él como a su familia al no permitir la colación del grado. No estoy hablando de un caso imaginario. En el año 1800, cuando era Rector de mi Colegio y tenía a mi cuidado el Archivo, muchas veces me entretuve en repasar la voluminosa colección de documentos referentes a la limpieza de sangre y noble genealogía de mis compañeros colegiales. A pesar del extremo cuidado que se había puesto antes de la previa admisión de los candidatos a las pruebas genealógicas, me encontré con dos casos de personas rechazadas por impureza de sangre. Los candidatos en cuestión eran hombres de excelentes relaciones familiares, pero la *Prueba Sumaria* descubrió que uno de los antepasados había sido judío. Esto fue bastante para acabar con toda esperanza de ser admitido en la honorable sociedad del Colegio Mayor. Y de la misma manera hubiera sido excluido de la más humilde hermandad de mecánicos, con la única ventaja de que, al ser la investigación en este caso menos estricta que en el anterior, la imaginaria mancha seguramente hubiera pasado desapercibida. Es difícil saber cuántas desgracias reales e inmerecidas han producido en España las pruebas de limpieza de sangre. Una exclusión como la que acabo de referir es una de las mayores calamidades que puede afligir a cualquier familia.

Tras la *Prueba Sumaria* seguía el examen con respecto a la ciencia del candidato. Después venía el largo y costoso proceso de la prueba de noble genealogía. Uno de los colegiales, designado por el Colegio como informante, tenía que ir al lugar o lugares de nacimiento de los padres y abuelos del candidato. Cuando uno o más de los antepasados había nacido fuera de España, como sucedió en mi caso, la investigación tenía lugar en Sevilla. Había que examinar bajo juramento a treinta testigos y sus respuestas a un largo interrogatorio impreso, que forma parte de los Estatutos, las escribía el *informante* de su propia mano. La menor sospecha de una sombra de mácula de sangre judía, mora o africana; de penitencia impuesta por la Inquisición a alguno de sus ascendientes por lejano que fuese; o que alguno de ellos hubiera sido criado o servidor, o hubiera ejercido lo que se llama un oficio *bajo*, o de haber sido castigado públicamente en la forma que la justicia reserva para los plebeyos; cualquier sospecha de esta clase se hubiera investigado concienzudamente, y de no ser demostrada satisfactoriamente su falsedad, hubiera producido la exclusión del candidato. En cierta ocasión tuve yo que actuar de informante, y jamás olvidaré los malos ratos que pasé mientras examinaba a los testigos. Había en verdad una ventaja tras haber pasado por este calvario de las pruebas, y es que cualquier colegial de mi Colegio era admitido sin más investigación en cuanto a limpieza de sangre en cualquier cabildo catedral o de iglesia colegiata.[3]

Una vez terminadas todas las pruebas y cuando ya se había fijado el día de la admisión del nuevo colegial, éste tenía que pasar por una absurda y ridícula prueba de paciencia, una verdadera insensatez que creo fue abolida poco después de mi salida del Colegio. Durante la semana anterior a su admisión, el candidato tenía que hacer un paseo diario de una hora por el patio principal del Colegio, acompañado por uno de los criados del Colegio y por su propio fámulo o *paje*. Este último era un estudiante pobre que aceptaba este humilde oficio a cambio de comida, alojamiento y los vestidos desechados de su señor, para poder estudiar una carrera universitaria: Teología, Derecho o Medicina. Durante estos paseos, que recibían el nombre de *caravanas*, el pobre aspirante tenía que soportar pacientemente las burlas de la chusma que nunca dejaba de asistir. Podían hacer con él lo que les viniera en gana con tal de no causarle daño físico, y el pobre hombre tenía que sufrirlo todo sin decir una palabra... Cualquier reacción a una broma pesada o cualquier tipo de queja lo condenaba irremediablemente a un chapuzón en la fuente que ocupaba el centro del patio. También asistían señoras a estas exhibiciones. En uno de los días de mi prueba se reunió un grupo bastante numeroso en las habitaciones del Rector, a donde me condujeron mis verdugos vestido de la manera más absurda: con una casaca que había formado parte de un espléndido vestido cortesano hacía tres generaciones, una peluca y un sombrero del mismo tiempo.

---

3 Mucho me temo que los males de España han terminado completamente con mi Colegio. Hace cinco o seis años me enteré que solo vivía en el edificio un Colegial que por cierto era descendiente directo de Pinzón, uno de los compañeros de Colón en el descubrimiento de América. Esta información se la debo a Mister Washington Irving, que visitó al señor Pinzón mientras estaba de paso por Sevilla. Yo conocía al padre de este Colegial, que a su vez también había sido Colegial. (Nota de 1835.)

En la mañana del día señalado para la admisión, con la Sala Rectoral llena de los invitados a la ceremonia, el nuevo colegial era conducido hasta la puerta del salón por los servidores del Colegio, atado a una larga cuerda, de la que uno de los mozos de cocina hacía como si tirara con toda su fuerza. Una vez libre de esta ruidosa escolta, el elegido tenía que permanecer en pie vestido con sotana y manteo de bayeta negra (el traje de los estudiantes universitarios) mientras uno de los colegiales divertía a los reunidos a expensas del novato leyéndoles una composición llamada *vejamen*, parecida al viejo *Terrae filius* de Oxford. Después de esta última prueba de paciencia, el candidato hacía los juramentos prescritos ante el Rector, el cual, acto seguido, lo despojaba del vestido negro, que se echaba a los servidores, y lo investía con la toga del Colegio. A partir de este momento no había más que pruebas de respeto por parte de los criados del Colegio hacia su nuevo señor, y se olvidaban completamente las pasadas saturnales.

Según los estatutos del Colegio, los colegiales tienen que ir siempre vestidos con sus togas, pero como en este caso han de ir de dos en dos, o por lo menos acompañados por uno de los criados, el traje colegial no se usa más que en las visitas formales o en otras ceremonias especiales. Por consiguiente, se considera que salvo en estas ocasiones, los colegiales van de incógnito. El hábito colegial es ciertamente muy incómodo, ya que consiste en una enorme toga enteriza de tela negra, cerrada por delante y con dos aberturas en los lados, y una pieza de tela azul (que es propiamente la beca) cuya forma y modo de llevarla encuentro difícil de describir. El trozo de tela es de un pie de ancho y unos ocho o nueve de largo. Se dobla por la mitad como formando un ángulo y, manteniendo la doblez delante del pecho, se echan las dos mitades sobre los hombros, de manera que bajan por la espalda hasta cerca de los talones. La parte que cuelga del hombro izquierdo se hace más ancha a unos dos pies de su extremo, y en ese lugar tiene un anillo circular de madera, de una pulgada de espeso, cubierto por la misma tela. No he sido capaz de descifrar la etimología de la palabra *beca*[4] ni el origen de este extraño apéndice. Todo lo que puedo decir es que las insignias

---

4   La palabra *beca* debió venir a España procedente de Italia porque los Colegios españoles fueron creados a imitación de los de Bolonia. Me parece que la palabra *becca* debía significar bufanda, por lo que la *beca* debe ser la bufanda de un doctor, opinión que parece confirmar la presencia del guante blanco que de ella cuelga.

del Colegio Mayor son un guante blanco de cabretilla colocado en la doblez de la beca, y el anillo circular con su apéndice triangular, llamado *campana*.

Vestido de esta manera y acompañado por uno de los colegiales más antiguos me presentaron a las autoridades de Sevilla y a muchas familias que suelen recibir visitas por la tarde. Se sobreentendía que una vez realizada la presentación, había que unirse a la interminable cháchara con que las mejores clases sociales de España emplean la mayor parte del tiempo. De esta manera, en vez de aumentar mis conocimientos por medio del estudio, abandoné mucho mis lecturas durante los tres o cuatro años que pasé en el Colegio. Por otro lado, también es una triste verdad que las mejores clases españolas están llenas de peligrosas trampas para un clérigo joven. Solo un cínico libertino puede permanecer insensible a estos sufrimientos y pruebas. Yo doy gracias al cielo porque mi felicidad no gozaba de esta dudosa protección. Afortunadamente fui capaz de hacer un sincero y decidido esfuerzo para volver a la vida retirada de mi primera juventud, y de esta manera pude adquirir alguna paz del alma apartándome de los objetos que me la habían quitado. Ello me permitió recibir el Diaconado en un estado espiritual adecuado para la ocasión. Durante algún tiempo creí que me había vuelto a reconciliar con mi profesión clerical, pero este feliz engaño se disipó bien pronto. Volvió a renacer, sin embargo, cuando se acercó el momento de mi ordenación sacerdotal. Tenía un tremendo respeto por la dignidad del oficio sacerdotal y temblaba ante la idea de profanarlo. Guiado por estos sentimientos una vez más obligué a mi alma a ser fiel a su deber.

1799

Mi amigo Arjona volvió de Roma poco antes de mi ordenación, y de nuevo se convirtió en mi confesor regular. Mi afecto hacia él y lo bien que lo pasaba en su compañía, hizo que volvieran a renacer mis ilusiones religiosas y como por aquel entonces (y creo también que por última vez) ejercía su ministerio con gran entusiasmo y celo, me entregué completamente a su dirección con la esperanza de que después de mi ordenación podría seguir más de cerca los pasos del que había tomado como modelo.

Había algo en la religiosidad de Arjona que me atraía particularmente y era que nunca estaba triste. Eramos amigos íntimos, sin que por ello disminuyera la autoridad que tenía sobre mí como director espiritual. El estudio de Arjona, donde Lista y Reinoso pasaban casi tanto tiempo como yo, era un refugio seguro contra las atracciones del mundo, y cuando consideraba que dentro de pocos meses iba a ser elevado a la más alta dignidad espiritual que un hombre puede alcanzar, la de, como firmemente creía, poder convertir el pan y el vino en el cuerpo y sangre de Cristo, estaba seguro de que todas mis luchas iban a terminar para siempre y que iba a ser capaz de pasar el resto de mi vida en pureza, benevolencia y paz.

Capítulo II. Narración de su vida en España (1800-1809)

En las *Cartas de España* he tenido ocasión de referir mis sentimientos durante la celebración de mi primera misa, y como el paso de los años ha hecho más penosa la renovación de estos recuerdos, me excusará usted que no vuelva a contar aquella engañosa pero afectiva escena. Mi ordenación tuvo lugar en Navidad y el día de Año Nuevo fui elegido Rector de mi colegio.[5] Por consideración a este puesto el Arzobispo de Sevilla me dio licencias plenas de confesar poco tiempo después de la ordenación.

Para que pueda usted darse cuenta de en qué consistía aquel privilegio personal, debe saber que, de acuerdo con la doctrina católica, el poder sacerdotal de perdonar los pecados tiene, como si dijéramos, dos caras. En virtud de la ordenación tal poder es ilimitado, pero a consecuencia de la jurisdicción de origen divino que, como algunos mantienen, dio Cristo directamente a los obispos sobre sus respectivas diócesis, o, como otros piensan, se les confiere por medio del Papa como representante de Cristo en la tierra, lo cierto es que en circunstancias normales el sacerdote no puede absolver a los súbditos espirituales de un obispo sin licencia de éste. Inmediatamente después de la ordenación el sacerdote recibe una primera licencia limitada a oír las confesiones de los varones, que más tarde se extiende, de acuerdo con las circunstancias, a las mujeres no ligadas por votos religiosos, y, por fin, a las monjas, para cuya dirección espiritual se supone que hace falta gran pericia y experiencia. La opinión favorable que tenían de mis cualidades, así como la importancia del puesto a que había sido elegido, me procuraron a los pocos meses la totalidad de estas facultades y de hecho muy pronto vine a estar absorbido por mi nuevo oficio.

En una ciudad donde, según los cálculos que puedo hacer basándose en mis recuerdos generales, hay siempre unas quinientas mujeres encerradas de por vida en los conventos sin otra distracción u ocupación que la de seguir las prácticas de una religión complicada, la aparición de un nuevo confesor es un suceso de la mayor importancia. Arjona recibía diariamente más peticiones de monjas que querían confesar, que las que podía atender. Como todo el mundo sabía que yo era su discípulo favorito, aquellas angustiadas religiosas que no podían conseguir la ayuda del maestro solicitaron

---
5   El cargo de Rector se ejerce en rotación por los mismos Colegiales.

la mía, en la mayor parte de los casos por medio del mismo Arjona. De esta manera sucedió que al poco tiempo estaba obligado a pasar unas dos horas diarias (sin contar el tiempo necesario para ir de convento en convento) unas veces oyendo las detalladas y angustiosas relaciones de más de una nerviosa reclusa que difícilmente se consideraba libre del crimen y castigo de una confesión insincera, a pesar de haber manifestado todo pensamiento, palabra y obra, incluso los más inocentes que se le habían podido ocurrir durante la semana anterior en medio de la monotonía de su vida; y en otras ocasiones escuchando dolorosas historias de verdaderos y desesperanzados sufrimientos.

De entre todas las víctimas de la Iglesia romana son las monjas las que merecen mayor simpatía. La temprana edad de quince años en que se les permite hacer el sacrificio de su libertad; la inflexible crueldad con que se les obliga a perseverar en los votos durante toda la vida; la tendencia fatal de su enclaustramiento y forma de vida a producir enfermedades crónicas, e incluso en algunos casos la misma enajenación mental, son hechos más que suficientes para mover a compasión al corazón de todos los que no lo tengan endurecido por la superstición y el fanatismo. Estas pobres prisioneras, en medio de la pesadez y monotonía de sus vidas, con la intranquilidad constante de un alma obsesionada por una conciencia enfermiza (quizá con el remordimiento de culpas que solo sirven para aumentar su desesperación), no tienen a nadie a quien confiar sus penas más que al confesor. Y aún este pobre consuelo es muchas veces más nominal que efectivo. Los sacerdotes mayores suelen mostrarse insensibles ante las angustias de esta clase de *penitentes* (nombre opuesto al de *confesor*), y las tratan con despego y dureza. Algunos locos sentimentales (clase no muy numerosa, pero tampoco extinguida) aumentan los males ya existentes exponiendo a su clientela espiritual y a ellos mismos a peligros muy serios. De esta manera, cuando sucede que una mujer de sentido común, encerrada de por vida, se encuentra con un sacerdote que, teniendo cuidado de no dejarse atrapar por el riesgo de un afecto sin esperanza y además deshonroso, dadas las circunstancias, muestra un sincero interés escuchando pacientemente, y establece su autoridad decidiendo con prontitud y seguridad, la pobre penitente no puede menos de considerarlo como el último soporte de su perdida felicidad o, mejor todavía, como su última esperanza contra la desgracia absoluta. En cualquier caso, el confesor que no atormenta a la pobre prisionera se convierte necesariamente en su más querido amigo, por ser la única persona a quien puede confiar abiertamente sus penas. De aquí la insistencia con que las monjas que no se han comprometido con un confesor, como son, por ejemplo, las que se han visto privadas del director espiritual que les gustaba por la muerte de éste o su ausencia o cualquier otra circunstancia, y también las que no tienen otros medios de cambio y novedad, persiguen a los sacerdotes que gozan de buena fama por sus conocimientos y no declinan este servicio.

Se podría suponer que, dada la importancia que la Iglesia de Roma atribuye a las ramas femeninas de las órdenes religiosas, la opinión pública, o al menos los más fervientes católicos, considerarán a los directores espirituales de estas santas reclusas como hombres dignos de la mayor alabanza por la misión que realizan, pero la realidad es muy otra. A los ojos del público las monjas son al propio tiempo seres sacrosantos y ridículos. La *idea* de la vida conventual (como diría Coleridge con su lengua platónica) es exaltada en los sermones y manuales de Teología como la más pura, poética y alta forma de vida religiosa. Pero el *convento real* es tenido por todos como el mayor símbolo de ignorancia, infantilismo y gazmoñería. En una palabra, *monja* es verdaderamente el superlativo de *vieja*. Por consiguiente, debajo del celo con que acepté el cargo de confesor de unas cuantas monjas, recomendadas por Arjona y por mi buena madre, no dejaba de esconderse cierto sentido del ridículo. Algunas de estas monjas eran mujeres de gran sentido común y modelos de esa fortaleza de alma que, teniendo que enfrentarse a sufrimientos solo conocidos del que los padece, no goza de la ayuda o admiración de los demás. Una de estas excelentes religiosas parece que dependía tanto de mi ayuda para subsistir que no fui capaz de dejarla durante mucho tiempo después de que mis creencias religiosas me hubieran abandonado completamente. La continuidad de su estima hacia mí, a pesar de mi larga ausencia de Sevilla durante mi residencia en Madrid, y de haber rechazado el seguir siendo su director espiritual cuando regresé de la capital, y de mi final salida de España, creo que merece este reconocimiento público de mi respeto después de los años que han pasado.[6]

Mi amor por la verdad y la conveniencia de registrar hechos que muestran la naturaleza de instituciones que considero muy perniciosas, me hace declarar breve pero explícitamente que entre los habitantes de los conventos llegué a conocer caracteres de estampa muy diferente. En el curso de mi vida he conocido a todo tipo de personas, y he tenido ocasión de ver el espíritu humano en diversos estadios de elevación y bajeza, pero jamás he conocido almas más manchadas que algunas de las vestales profesas de la Iglesia de Roma. Debo añadir con toda justicia que la sincera declaración de su estado, que me revelaron aquellas desgraciadas víctimas, me convencieron también que su situación moral hubiera sido muy distinta si la Iglesia no se hubiera mostrado tan implacable con ellas. Y no digo más por temor de pasar la raya de la delicadeza. Pero como la política de Roma se apoya en estos mismos sentimientos de delicadeza para que permanezcan en secretos unos hechos que levantarían un irreprimible grito de indignación en los países no sometidos del todo a la autoridad del Papa, me siento obligado a testimoniar de esta manera las horribles consecuencias ante las cuales esa misma Iglesia se muestra completamente insensible.[7]

La horrible calamidad que visitó Sevilla en el verano de 1800 (año a que se refiere esta parte de mi narración) hará mi Rectorado memorable en la historia de mi Colegio. Me refiero a la epidemia de fiebre amarilla descrita minuciosamente en las *Cartas de España*. Voy a contar ahora solo lo que se refiere a mi historia personal, pero para colocar estos sucesos en su marco apropiado es preciso referirse primero a un período anterior.

Dos o tres años antes de terminar mis estudios en la Universidad y ser admitido como colegial en Santa María de Jesús, la más joven de mis dos

---

6   La última carta que recibí de esta señora, incluida en una de mi madre, me llegó en 1815 estando yo en Oxford. Su nombre era Dolores Castañeda y pertenecía a una familia de la más alta nobleza sevillana.

7   Los que lo consideren su deber (pero no de otra manera) han de leer la vida de Scipio de Ricci, obispo de Pistoya, en el original francés. Los padres católicos son completamente inexcusables si cierran los ojos a la evidencia contenida en esta obra. He vuelto a leer todo lo que digo aquí en diciembre de 1840, estando gravemente enfermo y creyendo próxima la hora de mi muerte; y en estas circunstancias es mi deber declarar que no he exagerado nada.

hermanas, que entonces tenía unos diecisiete años, tuvo resolución suficiente para expresar su deseo de volver a casa y dejar el convento donde la habían metido para su educación a la temprana edad de seis o siete años. La mayor había tomado el velo no mucho tiempo antes en el mismo convento. Con su gracia y juventud mi hermana pequeña hizo desaparecer gran parte de la tristeza que tanto la mala salud de mi madre como la peculiar manera de ser de mi padre había pesado sobre mi casa durante mi niñez y primera juventud. Para disfrutar de una alegre compañía ya no dependía yo solamente de mis compañeros de la Universidad. Mi mismo padre sitió la influencia bienhechora de la presencia de su hija y nuestro pequeño círculo familiar empezó a mostrar una felicidad que poco tiempo antes no hubiera podido imaginar. Pero un suceso inesperado vino a turbar esta felicidad poco tiempo después de mi ingreso en el Colegio Mayor.

Durante muchos años mi padre había sido vicecónsul británico en Sevilla y por lo tanto el único representante de los intereses del Reino Unido en la ciudad. El gobierno español, después de haberse visto obligado a hacer las paces con la República Francesa, lleno de temor cambió su política y adoptó el tono más servil con respecto a esta nación. Un comerciante francés establecido en Sevilla, que durante la corta y desafortunada guerra que España mantuvo contra los republicanos franceses había sido tratado ignominiosamente por las autoridades españolas, creyendo que sus sufrimientos y los de sus otros compatriotas residentes en España se debían a la influencia inglesa, se aprovechó del repentino cambio de la política española para tomar venganza en el vicecónsul británico y así demostrar la completa supremacía de su nación. Se dirigió al gobierno francés, que consiguió sin dificultad que el gobierno español desterrara a mi padre al interior del país, a una distancia de sesenta u ochenta millas de la costa. Esta arbitrariedad fue para él un duro golpe. Sus continuos ejercicios ascéticos lo habían privado de toda energía y decisión personal. Desde su casamiento jamás había pasado por su mente la más remota idea de tener que salir de Sevilla. Además sintió amargamente la injusticia y arbitrariedad del insulto porque creía que lo hacía sospechoso de haber cometido alguna acción inmoral. Pero de momento nada ni nadie podía ayudarlo. Las autoridades de la ciudad, que lo respetaban y querían, le aconsejaron que obedeciera la orden sin demora y que se fuera a la distancia mandada en la orden, para algún tiempo después establecerse en uno de los pueblos cercanos a Sevilla donde le prometieron que no lo molestarían.

Sucedió que por aquel entonces mi Colegio me había designado para informar sobre la pureza de sangre de un candidato natural de Olvera, aquel agreste lugar que he dado a conocer en mi tantas veces (como me temo) mencionada obra *Cartas de España*. Un sacerdote, pariente lejano de mi madre, vivía en un pueblo de la parte menos agreste de la zona montañosa antes mencionada. Aprovechándose de esta circunstancia mi padre decidió viajar en mi compañía y retirarse durante unos cuantos meses a la casa de nuestro pariente. Mientras tanto se hicieron las oportunas gestiones para que mi madre con mi hermana menor y mi hermano, entonces un niño, se establecieran en Alcalá de Guadaira, pueblo situado a unas doce millas de la Ciudad, donde mi padre se les uniría poco tiempo después, de acuerdo con las autoridades de Sevilla. Cuando ocurrieron los sucesos que voy a relatar a continuación mi familia llevaba más de un año viviendo en Alcalá, sin atreverse a aparecer por Sevilla, con la única excepción del día de mi primera misa. Como la distancia era corta y la situación del pueblo era muy hermosa y despejada, los más amigos de entre mis compañeros colegiales y yo íbamos con mucha frecuencia a ver a los exiliados, y nos alegrábamos de encontrarlos contentos porque la necesidad de haber tenido que salir de Sevilla se veía compensada por el aire puro y los bellos panoramas de aquel lugar tan romántico.

1800, 25 años
Tal era la situación de mi familia y la mía propia cuando cerca del final del mes de mayo cogí unas tercianas que, mal tratadas por la ignorancia de los médicos, me debilitaron hasta el extremo de que apenas podía levantarme del lecho donde estaba postrado. En Inglaterra he podido saber la causa de esta enfermedad al tener oportunidad de conocer una serie de cosas por las que mis compatriotas no parecían mostrar el menor interés. Mi Colegio está muy cerca del Guadalquivir, que como discurre por un cauce parcialmente cegado en el transcurso de los años y está sometido a grandes riadas en la época lluviosa del invierno andaluz, amenaza casi

todos los años con inundar a gran parte de la ciudad. Para evitar en lo posible esta calamidad hay que padecer otra menor pero semejante a la anterior. Cuando llegan las lluvias se tapan las numerosas alcantarillas que desaguan en el río con el fin de impedir la entrada de la crecida corriente de las aguas, contenidas por unas defensas de piedra de una altura de quince a veinte pies sobre la llanura de la ciudad. Pero, por otro lado, la lluvia, que cae con violencia casi tropical, se acumula de tal manera en la parte más baja de Sevilla, que hay que llevar alimentos a los vecinos de las calles inundadas por medio de lanchas.

A consecuencia de la gran riada del invierno de 1799 a 1800 se nos inundaron completamente las habitaciones de la planta baja del Colegio. Sin haber tomado ninguna precaución en cuanto empezó el calor del verano me trasladé, según costumbre, a las habitaciones rectorales de la planta baja. Pero el calor había producido una infección de malaria, que fue la causa de las fiebres que me atacaron. A excepción de la servidumbre yo era el único residente en el Colegio. El médico me recetó los remedios usuales, que no consiguieron ninguna mejoría, ni de hecho podía tenerla mientras permaneciera en aquellas habitaciones infectas. Fue el médico la primera persona que me habló del horrible avance de la epidemia de fiebre amarilla que había comenzado en el barrio del otro lado del río y que empezaba a extenderse rápidamente por la ciudad. De haber permanecido en el Colegio estoy seguro que hubiera perecido sin remedio porque todos los criados del Colegio murieron, a excepción del viejo servidor de la portería.

Me libró de este peligro la atención de uno de los Colegiales.[8] Enterado de la situación de Sevilla vino a verme desde un pueblo bastante alejado de la ciudad, para urgirme a que dejara el Colegio y me fuera a Alcalá con mi

---

8   Siento verme obligado a tener que retirar mi agradecimiento hacia una persona de la que tengo suficiente fundamento para creer que fue uno de los falsos amigos de mi juventud. Su subsiguiente conducta me llevan al convencimiento de que aquella supuesta amabilidad nacía de motivos interesados e inmorales. Como era el que me seguía en el turno para el cargo de Rector, mi ausencia del Colegio lo convirtió automáticamente en Vicerrector. Sabía que el Colegio acababa de recibir una importante cantidad de dinero y, conocedor de mi pobre estado de salud, me mandó a toda prisa con mi familia y al propio tiempo se quedó con el dinero sin firmar ningún recibo, como sucede en España entre amigos, y jamás dio cuenta de él. Desgraciadamente este hecho no es nada extraño en su conducta. (Nota de 1840.)

familia. Si me hubiera dado tiempo para pensarlo probablemente me hubiera resistido pero se presentó de repente y trajo consigo una silla de posta que me estaba esperando en la puerta del Colegio. Por otro lado la enfermedad me había debilitado tanto que apenas tenía voluntad propia. Así que seguí el impulso que me dieron y a las pocas horas me encontraba con mi familia.

En otro lugar he descrito minuciosamente los progresos de la epidemia en Sevilla tal como podía enterarme todos los días, ya que me encontraba solo a unas cuantas millas de distancia de la ciudad. Los tristes sucesos que llegaban diariamente a mi conocimiento me impresionaron profundamente, deprimido además como estaba por la obstinada enfermedad que hacía presa en mi salud y ensombrecía más mis sentimientos religiosos. Esperando a cada momento que se presentara la fiebre amarilla en Alcalá (ya que siendo la proveedora de la mitad del pan que en aquella ciudad se consume, nunca interrumpió su comunicación con ella), y temiendo además el desenlace fatal de mi enfermedad, torpemente tratada por el médico rural que me atendía, perdí toda esperanza de sobrevivir y me resigné a una muerte prematura. Cuando tenía fuerzas para levantarme del lecho me iba a la iglesia de un convento que estaba cerca de nuestra casa. De acuerdo con la costumbre, el templo permanecía abierto durante todo el día, pero apenas se veía un alma en él de nueve a diez de la mañana. Solo podían escucharse a las monjas cantando el oficio detrás de la doble reja que separaba el coro del cuerpo de la iglesia, y la monotonía de sus voces aumentaba la lúgubre solemnidad del lugar. Allí permanecía horas enteras sentado junto a una tumba intentando hacerme a la idea de la muerte. Pero aunque mi constitución nunca ha sido robusta, sin embargo creo que el principio de la vida me animaba tan vigorosamente que, a pesar de la ignorancia del médico y de las frecuentes sangrías a que me sometía, la fiebre me dejó al comienzo del otoño y en pocas semanas recobré todas mis fuerzas.

Por aquel tiempo empezó a disminuir considerablemente el número de los que morían diariamente en Sevilla y para el mes de diciembre apenas se daban nuevos casos de infección entre los que no habían abandonado la ciudad. Pero cuando la gente empezó a atreverse a regresar del campo a la ciudad, se pudo comprobar que el cambio de aire de un lugar despejado y limpio al ambiente de la ciudad era frecuentemente fatal. El posible peligro no me impidió atreverme a ir al Colegio con el propósito de transmitir el cargo de Rector a mi sucesor en el primer día del año. De esta manera el 31 de diciembre regresé a Sevilla y dormí en el Colegio, donde solamente había otras dos personas. Difícilmente podría haberme encontrado escena más triste. Las calles de Sevilla estaban prácticamente desiertas y las pocas personas con que me tropecé mostraban en sus rostros las huellas de la calamidad pasada. Era imposible intercambiar alegres palabras de saludo con los pocos amigos y conocidos con quienes casualmente me encontré. Decidí pasar la noche en un salón vacío de los apartamentos rectorales de mi abandonado Colegio, donde apenas había entrado un ser humano en los últimos seis meses. Me prepararon una cama portátil y dispuse que uno de los criados durmiera en la antesala en otro catre. En vano intenté conciliar el sueño aquella noche. A la mañana siguiente el nuevo Rector, que no se había atrevido a pasar la noche en la ciudad, se presentó en el Colegio con el propósito de cumplir con lo mandado en los Estatutos. Como testigo del traspaso de poderes solo pudimos conseguir la presencia de un antiguo colegial. El nuevo Rector le tenía tanto miedo a la epidemia que permaneció en Sevilla solamente el tiempo necesario para la ceremonia y me dejó al cuidado del Colegio. En el curso de la semana siguiente perdí toda aprensión de la epidemia. Los fríos de la estación invernal acabaron con los últimos restos de la enfermedad y la ciudad empezó a recobrar lentamente su aspecto de siempre.

Al comienzo de la primavera siguiente se hizo público el anuncio de una canonjía vacante en la catedral de Cádiz, que había de proveerse por medio de una competición pública que en España recibe el nombre de *concurso*, aunque se usa con más frecuencia el de *oposiciones*, en alusión a los argumentos que los competidores oponen unos a otros. En realidad el nombre completo de estos ejercicios es *concurso de oposiciones*.

Mis amigos me aconsejaron que me presentara a estas justas literarias y con mucho gusto les hice caso inscribiendo mi nombre en la lista de opositores. Por tanto tenía que volver a Cádiz con unas disposiciones muy distintas de las que había hecho de esta ciudad el lugar de mis diversiones y escarceos juveniles. Tenía que ir armado contra los encantos de una ciudad disipada y, como habría de hospedarme sin remedio en casa de un pariente

63

mío, con quien había pasado muchas horas alegres, sabía muy bien que mis sentimientos piadosos iban a pasar por una severa prueba. Pero pocas veces me ha faltado resolución para cumplir con lo que he creído mi deber, y mis errores de conducta han procedido generalmente de errores de juicio.

Al llegar a Cádiz y reunirme con mis viejos amigos proclamé resueltamente los principios religiosos que había convertido en norma de vida y, para hacer justicia a aquellas buenas personas, he de confesar que, salvo algunas bromas de la mejor intención, no me molestaron en absoluto.

Para los que viven en cualquier ciudad española que tenga catedral, las pruebas y ejercicios públicos con que se provee una alta prebenda eclesiástica son un verdadero espectáculo. Puesto que he tomado parte en ellos más de una vez, me parece oportuno contar en qué consisten estos actos tan estrechamente relacionados con los momentos más importantes de mi vida.

Estos concursos públicos se anuncian en toda la nación por medio de carteles colocados a las puertas de todas las catedrales, colegiatas y colegios mayores. Para tomar parte en ellos hay que estar en posesión del grado de Licenciado —es decir, haber pasado el examen previo al grado de Doctor— o bien del Doctorado en Teología o Derecho Canónico, según se oposite a una silla coral teológica o canónica. Los opositores se presentan al cabildo catedral en cuestión y son agrupados en lo que en español llamamos *trincas*, o grupos de tres personas que han de mostrar su pericia contendiendo entre sí. Los que forman las trincas reciben el apropiado nombre de *contrincantes* con respecto a sus compañeros.

A las diez de la mañana del día señalado para el comienzo de las oposiciones, el candidato de graduación universitaria más antigua se presenta en la Sala Capitular y allí, en presencia del Deán y del Secretario del Cabildo, introduce un cuchillo de plata en tres lugares distintos de un libro cerrado, que en las oposiciones teológicas suele ser el del *Maestro de las Sentencias*, Pedro Lombardo, aunque en algunas ocasiones se utiliza también la Sagrada Escritura. Se toman por escrito los lugares así señalados, de los cuales el candidato escoge uno como tema de su disertación. De vuelta a casa escribe en latín varias proposiciones o tesis sobre la suerte o punto escogido, que envía al Cabildo anunciando de esta manera su propósito de defenderlas en público a la mañana siguiente. Las tesis se ponen seguidamente en conocimiento de sus contrincantes y se mandan imprimir sin más demora.

Como el opositor tiene que disertar en latín y de memoria durante una hora seguida, las veinticuatro que median son de duro e intenso trabajo. El mayor inconveniente es la costumbre que prohíbe usar notas escritas porque en caso contrario cualquier persona de inteligencia media sería capaz de desarrollar su disertación sin grandes dificultades. En efecto, no hay más que recordar el plan de trabajo que han seguido los candidatos durante los cinco años de sus estudios de Teología. Durante ellos ha tenido que asistir a dos clases diarias desarrolladas en latín y también han usado textos escritos en esta lengua. En clase los profesores le han preguntado sin previo aviso para que expongan públicamente un resumen de la lección señalada para el día y con frecuencia han tenido que contradecir o defender, según el caso, las doctrinas del texto con silogismos latinos. Quien después de haber sido probado por tan prolongada disciplina no sea capaz de expresarse con cierta fluencia en la lengua de sus libros de teología mostrará una reconocida torpeza o una pereza incurable.

En todo caso la costumbre manda que en estos ejercicios públicos se prepare por escrito una elegante y bien ordenada disertación, que el opositor se aprende de memoria en las veinticuatro horas que anteceden a su presentación. Para esta parte del trabajo cuenta con la ayuda de un amanuense que lo espera en casa cuando viene de sacar las *suertes* en el Cabildo. Puede caber la sospecha de que el amanuense en cuestión sea algo más que un simple secretario, es decir, una persona capaz de prestar eficaz ayuda al opositor e incluso de escribirle la disertación entera, pero de todas formas quien sea capaz de aprenderse de memoria en tan reducido espacio de tiempo una lección compuesta por otro y de defenderla respondiendo a los argumentos de sus contrincantes, ha de ser persona versada en la materia. Además el engaño no tardaría en descubrirse. No me atreveré a asegurar que no se hagan trampas como éstas en las oposiciones, pero solo son capaces de ello los que se presentan en público con el único propósito de aparentar, y de hecho alguna que otra vez sucede que un zopenco redomado se deja vencer por la tentación de añadir a sus *testimoniales* el título de opositor a una canonjía sin que por esto aumenten en lo más mínimo sus posibilidades de conseguirla, que seguirán siendo las mismas que si no se hubiera presentado. Más aún, si vuelve a caer en la tentación lo más probable es que se convierta en el hazmerreír del público asistente que de esta manera encuentra de vez en cuando un buen día de diversión a costa de algún confiado mastuerzo.

Pasadas las veinticuatro horas, en las que el opositor solo ha descansado levemente durante tres o cuatro, éste vuelve a presentarse ante el cabildo en pleno, esta vez reunido en la catedral. A tal efecto, en la nave central de la iglesia se ha formado una especie de anfiteatro de forma elíptica, cerrado por bancos, en uno de cuyos extremos se encuentra la mesa del presidente con una campanilla de plata, y en el otro un púlpito muy parecido al de los Colegios de Oxford. El lugar cerrado por los bancos no está destinado al público, pero en Cádiz la galantería de los canónigos lo ha reservado para las señoras que, a pesar de que los ejercicios se desarrollan en latín, asisten en muy buen número.

Una vez en el púlpito el opositor de turno y colocados a los pies de aquél sus contrincantes, da comienzo la disertación hasta que la campanilla del presidente anuncia que han expirado los sesenta minutos. Tras breve pausa vuelve a sonar la campanilla para que el primer oponente se presente en medio del anfiteatro. Un tercer golpe de campanilla señala el comienzo de la media hora que ha de emplear en presentar sus objeciones a las tesis defendidas, lo que hace de la manera siguiente: en primer lugar repite palabra por palabra la proposición que va a objetar y a continuación le opone un primer silogismo. El disertante le contesta repitiendo a su vez el silogismo dos veces, la primera para reflexionar sobre sus términos y la segunda para conceder, negar o distinguir su contenido, según convenga, de manera que el proceso argumentativo produce un sorprendente efecto de exactitud y celeridad. Toda proposición negada ha de ser probada por su presentador usando un nuevo silogismo, y así sucesivamente hasta que expira la media hora. Si durante el curso de los argumentos se estima necesario dar alguna explicación complementaria se usa la lengua vulgar, pero de todas formas desmerece una intervención en este sentido que rompa materialmente la cadena de silogismos.

Cuando todos los opositores han tenido la oportunidad de cumplir su turno como disertantes y argumentantes, empieza la segunda serie de pruebas que consiste en la predicación de un sermón en lengua vulgar, también durante el espacio de una hora, con las correspondientes veinticuatro para su preparación. En los países católicos no hay la costumbre de usar notas escritas durante la predicación y esta misma norma se sigue en el sermón de las oposiciones. Se sacan puntos de forma semejante a la prueba anterior con la única diferencia que el libro usado en esta ocasión es el *Evangeliario*, es decir, la colección de epístolas y evangelios que se leen a lo largo del año litúrgico.

No hablaría de mis oposiciones en Cádiz de no ser por una circunstancia que me puso increíblemente nervioso el día en que había de hacer la primera prueba. Había dictado la disertación a mi amanuense sin ninguna dificultad, pero cuando llegó el momento de aprendérmela de memoria me encontré con que mi capacidad de retención estaba completamente perturbada, bien a causa de mi reciente enfermedad, bien por falta de práctica durante algún tiempo. Mi estado de ánimo vino lógicamente a agravar el mal y una hora antes de mi presentación en la catedral no era capaz de repetir ni siquiera el primer párrafo de mi ejercicio. Retirarme de la prueba en aquel momento significaría el mayor descrédito para mi formación y la ruina de mi futuro, y, por otro lado, tener que callarme una vez en el púlpito sería un golpe capaz de hacerme perder la razón.

Mis parientes y amigos, a quienes no podía ocultar mi estado de ánimo, se mostraban preocupados pero me exhortaban a que tuviera confianza en mi anterior preparación en la materia y en el estímulo que las circunstancias del caso darían a mi espíritu. Por mi parte, y a pesar de todo, estaba dispuesto a no retirarme y la única posibilidad que veía de salir airoso de la prueba era renunciar por completo a la idea de repetir de memoria el texto preparado y dedicarme a improvisar. Mientras esperaba en la sacristía el momento de salir me temblaban las rodillas y el cuerpo entero, extenuado por el trabajo y la mala noche pasada, parecía a punto de desplomarme. Sin embargo el miedo desapareció al empezar a caminar entre la gente en dirección al púlpito. El Deán dio la señal convenida y comencé mi exposición, no exento por completo de temor, pero antes de que hubieran pasado los primeros cinco minutos me había recuperado totalmente y tenía presente con toda claridad y orden la materia de mi discurso. Verdad es que no era capaz de usar las palabras y frases que había escrito, pero conforme me daba cuenta de la facilidad con que encontraba otras nuevas, mi miedo se trocó en confianza. En cuanto a responder a los argumentos que siguieron, la costumbre me había dado la suficiente destreza como para estar seguro de vencer limpiamente a mis oponentes y en realidad creo que salí bastante bien parado aquel día.

El sermón no me dio mucho trabajo y me bastó con escribir un esquema de las ideas que habría de desarrollar desde el púlpito. Con respecto al resultado de las oposiciones, como el cabildo había hecho ya su elección antes de convocarlas, según sabía muy bien el candidato triunfador, me recompensaron con la usual gratificación del nombramiento de examinador sinodal de la diócesis y sobre todo con la satisfacción personal de haberme dado a conocer públicamente como aspirante bien calificado para ocupar un puesto distinguido en la Iglesia por medio de estos certámenes literarios.

Ni la descripción de mi propio carácter ni la del país cuyos contrapuestos aspectos religiosos quedaron profundamente reflejados en mi espíritu en dos ocasiones distintas, quedaría completa sin una breve noticia del partido religioso que por entonces había en Cádiz y que, como estaba en estrecho contacto con el del Padre Vega en Sevilla, me recibió como a un hermano.

La cabeza visible de los devotos gaditanos era un sacerdote llamado Padre Santa María. Debo advertir que el apelativo de *Padre* que toda España da a frailes y monjes, también se usa en Cádiz para dirigirse a los sacerdotes seculares que por oficio y decisión personal se dedican a la cura de almas, es decir, a la predicación y al confesonario. El padre del Padre Santa María había sido un rico comerciante, elevado por el rey a un rango semejante al de los *baronets* ingleses confiriéndole el título nobiliario de Marqués de las Torres. Debo añadir que el título de marqués, conde o vizconde no implica el rango de Par o Grande de España, aunque algunos Grandes de España usan estos títulos con preferencia al de duque —exclusivo de ellos— cuando este último es relativamente reciente en la familia. El padre Santa María, que había heredado la fortuna y el título nobiliario de su padre, dedicó toda la influencia y poder de su posición a promover el movimiento piadoso de su ciudad natal. Con este fin había adquirido una capilla subterránea que por su situación se llamaba la *Cueva*. Creo que en otras ciudades españolas hay criptas parecidas que, como en el caso de Cádiz, ofrecen un marco adecuado para las prácticas ascéticas. Las mujeres no podían entrar, pero el número de hombres que asistían a la Santa Cueva de Cádiz ascendía a varios centenares.

Cuando conocí al Padre Santa María hacía ya varios años que se hallaba al frente de aquella congregación. Era un hombre muy amable y trataba con suma cortesía a todos los que iban a visitarlo, pero su extrema corpulencia se ofrecía una buena excusa para no devolver visitas. Junto a la capilla subterránea había edificado una casa para morada suya y, como disponía de cuantiosos bienes de fortuna, compró poco después las casas edificadas sobre la Cueva y en su lugar construyó una de las capillas más hermosas que he tenido ocasión de visitar.

Estaba construida como una pequeña rotonda labrada con los más ricos mármoles. La iluminación procedía de la cúpula y su acceso desde la calle estaba dispuesto de forma que mostraba claramente el carácter semiprivado del edificio. En efecto, las mujeres, grandes enemigas siempre de la paz y dicha de los santos católicos, no podían entrar, y aunque cualquier varón, sin distinción de clase social, tenía acceso al templo, pocos eran los que movidos por la curiosidad entraban allí más de una vez, a excepción, como es lógico, de los asistentes habituales. Solo personas profundamente religiosas eran capaces de soportar el profundo silencio del lugar y la monotonía de las ceremonias religiosas que en él se celebraban. Aunque los católicos están acostumbrados al acompañamiento de la música en sus iglesias, en la Cueva no la había. La capilla servía exclusivamente para administrar la confesión y para decir misas que se celebraban en murmullos apenas perceptibles por el mismo sacerdote celebrante. Estas prácticas tenían lugar todos los días desde las seis o siete de la mañana hasta las diez. Cuatro sacerdotes estaban sentados en otros tantos confesionarios dispuestos a escuchar los pecados de los que se preparaban para la comunión, que en aquel lugar, en contra de la costumbre pero más de acuerdo con la práctica primitiva de la Iglesia, se administraba inmediatamente después de que el celebrante hubiera consumido las especies sacramentales.

La capilla, desde la misma puerta de entrada hasta la sacristía, situada detrás del altar, estaba inmersa en tal ambiente de paz que apartaba irresistiblemente al alma de las tempestades del mundo. Al propio tiempo los objetos visibles parecían dispuestos como para contrarrestar la tendencia de la devoción religiosa hacia el miedo y la tristeza. En lo alto del segundo tramo de la escalera que conducía desde el vestíbulo hasta la entrada de la capilla se encontraba entre dos puertas laterales de bella forma helénica una hermosa imagen en tamaño natural de Jesús como Buen Pastor, llevando sobre sus hombros la oveja perdida y mirando dulcemente a los que se acercaban. Los mármoles del interior de la capilla y las columnas del mismo material que la sostenían combinaban armoniosamente riqueza y elegancia y constituían la mejor decoración para las reducidas dimensiones del lugar. Los ornamentos sacerdotales eran también riquísimos y los vasos sagrados estaban incrustados con valiosísimas gemas. Los asistentes permanecían de rodillas en el suelo marmóreo en actitud de profunda meditación. No había predicación en la capilla y cada cual podía entrar y salir a su discreción.

El munificente fundador había dispuesto este refugio espiritual como si hubiera querido imitar los ritos de los antiguos misterios paganos, porque era en esta capilla alta donde los que habían pasado previamente por los sufrimientos de la Cueva podían gozar del reposo contemplativo, para el que habían sido preparados por medio de una disciplina de miedo y terror. Pero en cualquier caso esta semejanza estaba lejos de ser premeditada: el Padre Santa María era hombre sin estudios, que seguramente ni siquiera había oído hablar de los misterios del paganismo. Lo que sucede es que es inevitable encontrar un mayor o menor parecido entre las expresiones externas de las mismas tendencias del espíritu humano, que sencillamente asume formas distintas en circunstancias distintas. Las devociones modernas no son más que una de las variadas muestras de esa múltiple combinación de fenómenos espirituales que los *frenólogos* (sin duda muy oportunamente desde el punto de vista filológico pero probablemente sin sólido fundamento científico) atribuyen al «órgano de la veneración».

La Santa Cueva era el auténtico reverso de la medalla del edificio que acabo de describir. Después de bajar unos veinte escalones bajo el nivel de calle se entraba en una nave de regulares dimensiones sostenida a todo lo largo por dos hileras de columnas de escasa altura. A un extremo de la nave estaba el altar y sobre él un gran crucifijo. El espacio del altar estaba cercado y también al extremo opuesto de la nave había otro lugar cerrado donde se hallaba una gran silla o cátedra de madera con la mesa del director. Había tan escasa iluminación en el lugar que desde el asiento del director apenas se podían distinguir las caras de los oyentes más cercanos. Las reuniones se celebraban tres veces a la semana, siempre al oscurecer. Los ejercicios piadosos eran los mismos de San Felipe Neri de Sevilla: meditación, sermón y flagelación, esta última la más absurda y repugnante de las prácticas católicas. Dos sacerdotes sentados en sendos confesionarios ofrecían a los asistentes la oportunidad de confesar pecados que tendrían vergüenza de decir en otras iglesias donde pudieran ser conocidos por el sacerdote.

A pesar de que por aquel tiempo estaba totalmente determinado a vencer mi natural aversión por las prácticas ascéticas, no fui capaz de sobreponerme a mis sentimientos naturales como para convertirme en asiduo de la Cueva. Solamente fui en una ocasión y con el propósito de predicar. El Padre Santa María me había pedido que me encargara de aquella parte del servicio y no pude rechazar la invitación. Una vez pasado el tiempo de la meditación privada, durante el cual él lanzaba de vez en cuanto esas cortas imprecaciones llamadas *jaculatorias*, me senté en la cátedra. La desacostumbrada circunstancia de predicar sentado y dirigirme a una audiencia invisible durante cerca de hora y media, y sin notas escritas, fue para mí algo como soñar en voz alta, y en realidad tengo la impresión de no haber agradado excesivamente a los devotos asistentes. Pero fuera cual fuera el soporífero tema de mi discurso, de cuya duración no soy responsable ya que me limité a seguir la costumbre del lugar, lo cierto es que aquella buena gente conocía un método eficacísimo para despabilarse después del sermón. Quiero decir que voy a intentar contar lo mejor que pueda en qué consiste la flagelación.

Inmediatamente después de mi sermón, dos sacerdotes portando sendos manojos de disciplinas hechas de cuerda y dotadas de gruesos nudos, empezaron a recorrer la capilla en toda su longitud suministrando a los asistentes estos instrumentos de penitencia. Terminado el reparto se apagaron las escasas lámparas del lugar con la única excepción de una pequeña vela encerrada en una linterna sorda. Al hacerse la oscuridad uno de los sacerdotes entonó con voz quejumbrosa una corta narración de la pasión de Cristo, en tanto que los devotos asistentes se apresuraban a despojarse de la ropa que les cubría el lugar del cuerpo que iban a castigar. Pero antes de tomar cumplida venganza de la carne pecadora, los piadosos verdugos de su propio cuerpo interrumpieron su invisible despojo para darse en el rostro una sonora bofetada en el mismo momento en que el sacerdote cantor recordaba la que recibió Cristo de manos del criado del sumo sacerdote.

Concluido el relato de la Pasión se entonó el *Miserere*, que bien pronto tuvo el acompañamiento de los golpes de las disciplinas que castigaban nerviosamente la dura carne pecadora y formaban el bajo más extraño que pueda imaginarse. El celo de los flagelantes crecía a medida que la operación seguía su curso y puedo atestiguar que he visto las paredes manchadas de sangre en las iglesias donde tenía lugar una práctica semejante. Contra lo que pudiera suponerse, el ruido y la violencia de los azotes no disminuye conforme el salmo, cantado alternativamente por el sacerdote y la congregación, se acerca a su fin. He de confesar que cada vez que recuerdo el final de aquella ceremonia se me agolpan en el pecho sentimientos mezclados de indignación, compasión y desprecio. Los gritos frenéticos que lanzaban al unísono aquellas doscientas o trescientas personas, como lo harían las almas condenadas al contemplar por vez primera el insondable abismo del infierno que las había de devorar, la creciente violencia de los azotes, los suspiros y gemidos en alta voz y los gritos pidiendo perdón, todo este salvaje concierto que resonaba en miles y miles de ecos por los muros y bóvedas de la capilla en medio de la más completa oscuridad, sobrepasa en horror todo lo que los novelistas hayan sido capaces de imaginar para impresionar a sus lectores. La flagelación acabó al dar el sacerdote la consabida señal de unas palmadas, y tras una nueva pausa de cinco minutos para que los penitentes pudieran vestirse, se abrió la linterna y se volvieron a encender las lámparas.

He descrito sin la menor exageración una práctica desagradable y repugnante, pero de ninguna manera desacostumbrada. Los devotos católicos (que vienen a ser como los evangélicos ingleses o, quizá mejor, como los anglocatólicos de Oxford) de todas las ciudades españolas la consideran una práctica ascética indispensable, los confesores la mandan y la Iglesia la sanciona al alabar a los santos que usaron las disciplinas de la forma más inmoderada. Pero creo que es hora de terminar con este episodio y volver a la narración de mi vida.

Poco después de volver a Sevilla se produjo una vacante en la Capilla Real de San Fernando, que había de ser cubierta por medio de un concurso público como el que he descrito más arriba. Mi familia me instó a presentarme, pero a mi Colegio no le pareció bien la idea.

Como la fuerza principal de esta corporación era la influencia de los antiguos colegiales que habían llegado a ocupar altos cargos en la Iglesia o en la Justicia, se tenía buen cuidado en mantener una estrecha conexión entre los antiguos y los nuevos colegiales. Por esta razón, cada vez que se celebraba una reunión colegial para tratar de asuntos referentes al bien de la institución, se invitaba cordialmente a los antiguos colegiales que por cualquier circunstancia estuvieran en aquel momento en Sevilla. En la ocasión a que me refiero, dos de ellos residían en Sevilla: el Presidente de la Audiencia, hombre de gran autoridad e influencia, y un canónigo de la Catedral que unos cuantos años había ganado una silla de las que podríamos llamar literarias siendo colegial de Santa María de Jesús. Este último participaba de los habituales sentimientos de hostilidad del cabildo catedral con respecto al de la Capilla Real. No dejará de ser curioso decir algo sobre el origen de este antagonismo.

Poco después de la reconquista de Sevilla en el año 1248, el rey Fernando III llamado *el Santo* fundó un cabildo compuesto de un Deán y doce capellanes, que se instaló en un lugar de la antigua mezquita, ya consagrada como templo cristiano, separado del resto para formar una capilla para el rey y la familia real. El monarca dio al cabildo de Capellanes Reales sus estatutos, varios derechos de diezmos y otras propiedades, y a los capellanes especiales privilegios personales. Hacia el comienzo del siglo XIV el cabildo catedral, que había visto considerablemente aumentada la riqueza de sus propiedades a causa de una espectacular subida del valor de sus tierras y productos, determinó edificar el templo actual en el solar de la antigua mezquita y unir la famosa torre almohade al cuerpo de la nueva catedral de modo que viniera a ser su campanario. Antes de echar abajo la mezquita se comprometieron a construir una espléndida capilla en la parte oriental de la nueva catedral para uso exclusivo de la real familia y sus capellanes. La construcción de la nueva catedral progresó tan lentamente que las obras duraron más de cien años. Mientras tanto, como los canónigos cumplían las obligaciones y oficios de los capellanes reales, la capilla prometida cayó en el olvido hasta que la corona exigió el cumplimiento del compromiso mucho tiempo después de que se hubieran terminado las obras de la catedral. Creo que no fue hasta los primeros años del siglo XVII cuando se construyó la Capilla Real (por cierto, un edificio de grandes dimensiones pero no del mejor gusto), y se le devolvieron a su propio cabildo de capellanes los oficios y privilegios debidos.

A partir de este momento, la presencia de otro cabildo independiente dentro del mismo recinto catedral se convirtió en molesta compañía para los canónigos, y con muchas dificultades se pudo conseguir que no se declararan abiertas hostilidades entre ambas corporaciones, especialmente en los años a que me estoy refiriendo en que uno de los canónigos había presentado su dimisión para ocupar el puesto de Presidente o Deán del cabildo de San Fernando. Por tanto, cuando se consultó a mi Colegio sobre la conveniencia de presentarme como candidato a la capellanía real vacante, nuestro antiguo colegial el canónigo de la catedral se opuso abiertamente bajo la especie de que la plaza en cuestión no era adecuada para el rango que el Colegio había exigido hasta entonces de sus miembros. Sin embargo, la objeción no fue tenida en cuenta y empecé a prepararme para el día de la prueba con gran confianza en su favorable resultado.

Pero se presentaron otros dos aspirantes que por razones distintas ponían en peligro mi éxito, uno por sus verdaderas pero sobrevaloradas cualidades personales, y el otro por sus influencias en la Corte y su intimidad con el Deán de la Capilla Real, personaje de prodigiosas habilidades para la intriga, que, amparado bajo el manto del más ardiente celo religioso, lo utilizaba sin escrúpulos para conseguir sus propósitos. Por fortuna, su protegido era un joven de escaso talento y de relaciones familiares más bien humildes, pero su padre estaba empleado en el Alcázar o Palacio Real de Sevilla y ocupaba en él unos departamentos que unos cuantos años antes, durante una visita de la familia real, habían servido de hospedaje a la primera dama de cámara de la reina. Por esta circunstancia la familia de mi contrincante había conseguido la promesa de apoyo en la Corte para cuando el joven estuviera suficientemente preparado como aspirante a un puesto distinguido.

Mi otro competidor era un hombre que había sido amigo íntimo mío durante buena parte de mi juventud, y que aunque el orden de mi narración hubiera exigido haber dado cuenta de él antes de este momento, sin embargo he considerado más oportuno esperar hasta ahora para describir su personalidad con la debida atención.

Don Eduardo Vácquer vino a la Universidad de Sevilla el mismo año en que yo empezaba a estudiar Teología. Era natural de Cádiz y había estudiado Filosofía en el Seminario conciliar de aquella ciudad. Después de convalidar el grado de Bachiller en Artes en la Universidad, coincidimos como compañeros de curso en Teología y creo que incluso nos matriculamos el mismo día. Vácquer era unos dos o tres años mayor que yo, y ya había recibido el orden del subdiaconado. Era una persona atrayente, de agradable y animada conversación, y sabía comportarse como hombre de mundo, llevando una vida elegante, muy superior al de los otros estudiantes que no habían nacido en Sevilla. Pero nadie sabía quién era él en realidad. Tanto su nombre como su apellido evidenciaban un origen extranjero. Nos enteramos que su madre era viuda, pero, ¿y su padre? ¿Había sido comerciante o un simple tendero? Nadie era capaz de contestar a estas preguntas, y ni aun los mismos gaditanos podían o querían decirlo. Ni yo mismo cuando estuve en Cádiz pude llegar a enterarme de nada sobre mi amigo. La verdad es que llegó a la Universidad muy bien recomendado como hombre de gran talento, y él sabía muy bien cómo utilizar sus cualidades intelectuales y externas, de tal forma que todos los compañeros del curso a que los dos pertenecíamos lo consideraban unánimemente como el primero.

Creo que la envidia no entra en el catálogo de mis faltas. Al comienzo del curso, Vácquer fue nombrado Bedel de la Facultad, título de distinción en las universidades españolas, que coloca al elegido a la cabeza del curso inmediatamente después del profesor, y a mí me fue conferido el secundario honor de Sub-Bedel. Yo estaba tan lejos de considerarme ofendido que, antes al contrario, me consideré muy honrado de ser el segundo después de Vácquer, ya que mi única ambición era ganar su estima y amistad. Además de las oportunidades que cada día tenía de conseguirlo, como hablaba un poco de inglés, esto hizo que durante cierto tiempo hubiera cierta relación especial entre los dos, y digo durante algún tiempo solamente porque, como supe después de haberlo llegado a conocer mejor, tan pronto como se dio cuenta de mi superioridad en esta materia, evitó cuidadosamente toda mención de esta lengua. Veo claramente ahora que Vácquer empezó a sentir envidia de mí desde el momento en que me conoció. Pero como mi admiración por él era abierta y sincera, los efectos de esta envidia se mantuvieron ocultos durante algunos años.

Cuando comenzamos nuestros estudios privados de literatura clásica en las habitaciones de Arjona, Vácquer fue también uno de los invitados. Creo poder afirmar que aquí encontró también una buena ocasión de mortificación porque yo llegué a ser el favorito de Arjona y él siguió siendo uno más; yo podía escribir algunos versos, mientras que él carecía por completo de gusto y cualidades para la poesía. Todos creían que escribía muy buen latín, pero la verdad es que muy pocas veces lo usaba; yo no lo hacía por superarlo, pero no desaprovechaba ninguna oportunidad de mejorarme en este aspecto tan descuidado de mi educación. Vácquer se daba cuenta de esto y no lo podía soportar, pero por mi parte la superioridad en que yo lo veía no permitió jamás que en mi pecho entrara la menor sombra de envidia.

Cuando establecimos la Academia particular de Bellas Letras, antes mencionada, Vácquer se atribuyó la misma precedencia que había conseguido en la Facultad de Teología, y que jamás pensé en disputarle. Pero aunque no le faltaba ni habilidad ni política pronto empezó a faltarle la buena opinión de los otros compañeros. Ciertamente no era posible que mientras Lista y Reinoso daban cada día nuevas muestras de sus grandes cualidades literarias, un hombre sin el menor destello de genio pudiera mantener por cualquier artificio un puesto que debía únicamente a nuestra candidez e ignorancia del mundo.

Mientras que Vácquer perdía poco a poco la estima de sus amigos, mi afecto por él me hacía ciego a sus faltas. Al poco tiempo de conocerlo lo había llevado a mi casa, donde por medio de sus acostumbradas zalamerías se ganó rápidamente el afecto de mi madre. En su último curso de Teología, ya ordenado de sacerdote, se había encontrado con problemas de alojamiento. Me aproveché de esta oportunidad para conseguir que mi madre me permitiera compartir con él mi dormitorio (práctica corriente en España) y usar mi cuarto de trabajo, y durante varios meses viví con él como si hubiera sido un hermano. Pero esta prueba de amistad solo sirvió para envilecer más el espíritu maligno que había tomado posesión de su alma. De no ser por la maldad innata de su carácter —y lo digo así después de pensar dos veces si puedo ser más benigno con su memoria—, de no ser porque sus malas pasiones lo traicionaron y descubrieron claramente qué clase de persona era, nunca hubiera podido imaginar que nadie llegara a odiarme tanto.

Su primer objetivo fue privarme del amor de mi madre usando para ello de todo género de mentiras y engaños bajo el pretexto de cuidar de mi bien espiritual. Otra parte de su plan fue apartar mi atención de aquellos estudios en que sospechaba podía aventajarle. De esta manera, mientras yo esperaba que su compañía me serviría de provecho, la realidad es que nunca perdí más el tiempo que cuando vivimos juntos. Pero lo que parece que lo llevó al colmo de la envidia fue cuando me ofrecieron el puesto de colegial en Santa María de Jesús, que he mencionado más arriba. En cuanto se enteró de que yo había sido propuesto se dirigió al Rector del Colegio, que había sido nuestro primer profesor de Teología, para conseguir también su admisión. Pero esto era una pretensión imposible. Por muy injusta y altamente humillante que fuera la causa, la opinión pública y el bien del Colegio, que descansaba en la estimación general, hacía la dificultad imposible de vencer: nadie sabía quién era Vácquer, que parecía haber surgido de las mismas entrañas de la tierra. También era cierto que no pertenecía a la misma clase social de los colegiales, y admitirlo en tales circunstancias hubiera significado rebajar la dignidad del Colegio, porque después de esto ningún hijo de buena familia se hubiera presentado como candidato.

Vino a suceder que durante el intervalo de más de un año que medió entre mi designación y admisión, mientras terminaban de recogerse los documentos de las distintas ramas de mi familia, Vácquer nos dejó y se fue a Cádiz para pasar las vacaciones de verano. Le pedimos que a la vuelta nos trajera unos documentos que estaban en poder de mis parientes irlandeses de aquella ciudad por parte de mi abuela paterna. Aquéllos le entregaron los documentos en cuestión, pero no nos dijeron que así lo habían hecho. Fue precisamente en este tiempo cuando llegamos a conocer con claridad el verdadero carácter de Vácquer de la manera que voy a contar a continuación, y como al volver a Sevilla no se atrevió a visitarnos, no pensamos en pedirle los documentos que se había comprometido a traer. Afortunadamente, no eran especialmente necesarios para mi aceptación, pero si lo hubieran sido, Vácquer hubiera tenido la satisfacción de haberla impedido, porque sabemos con certeza que los destruyó.

Había llegado la ocasión de mostrarse tal cual era. Si no se le hubieran complicado sus planes hasta el extremo de perder el control de sus consecuencias, si no hubiera intentado la más negra de las villanías como un mero episodio de su plan, Vácquer hubiera seguido aprovechándose de su maldad por más tiempo. Pero no había ya ninguno de mis amigos íntimos a quien no hubiera calumniado para no tener competencia en el aprecio de mi madre. Quería tener la más completa ascendencia sobre su espíritu, porque necesitaba que ella estuviera completamente ciega en todo lo referente a él, al menos durante algún tiempo. Mi hermana mayor, una tímida joven que se había educado en un convento y había tenido escasas relaciones sociales, vivía en casa con nosotros. A pesar de su gran modestia y alto sentido de los principios morales, que se hacían evidentes en cada una de sus palabras y acciones, Vácquer formó el plan de asaltar su virtud. No sé cuánto tiempo tardó ella en descubrir sus intenciones, pero en cuanto él se fue a Cádiz nos enteramos de todo. A su regreso a Sevilla se ocultó de nosotros y de todos los amigos de nuestra familia, y se fue a vivir a una parte alejada del centro de la ciudad.

Como por este tiempo había agotado todos sus recursos pecuniarios, viendo destruidas todas sus ambiciosas esperanzas buscó un cargo parroquial como medio de subsistencia. El Arzobispo de Sevilla estaba entonces intentando elevar la consideración del clero parroquial de la diócesis y habiendo conseguido aumentar la asignación de los párrocos, empezó a exigir al propio tiempo mejores cualificaciones para el oficio. Con este fin estableció unos concursos públicos de conocimientos teológicos, semejantes a los que he descrito antes. Vácquer se presentó como candidato y ganó una de las veinticinco parroquias en que está dividida la ciudad de Sevilla. Pero su iglesia estaba en un suburbio, circunstancia que casaba muy bien con su posición social, porque le permitía vivir en la oscuridad.

No recuerdo cuánto tiempo pasó entre su nombramiento de párroco y su presentación como aspirante y oponente mío a la silla magistral de la Capilla

Real.⁹ No me había vuelto a encontrar con él desde cuando, reconociendo su culpa, se había escondido de mi familia y amigos. Tuvimos que esperar juntos en la Sala Capitular de la Capilla Real, hasta que estuvieran reunidos los capellanes. Cambié con él las elementales palabras de saludo que manda el trato social común, y acto seguido nos dirigimos a hacer los ejercicios.

No soy yo quién para opinar del mérito de nuestras respectivas actuaciones, pero creo que conseguimos casi la misma puntuación en los ejercicios y disputaciones en latín. El otro opositor era tan absolutamente inferior a nosotros que hubiera sido inútil intentar establecer una comparación. Los capellanes habían solicitado la asistencia de algunos notables teólogos para contar con el beneficio de su autorizada opinión. Creo que debí mi triunfo a su opinión favorable. Pero quedaba la última prueba, el sermón, que, como dije antes, había de preparar en veinticuatro horas. Mi turno era antes que Vácquer. Lista me sirvió de amanuense y le dicté fielmente un discurso de una hora de duración. No intenté aprendérmelo de memoria, palabra por palabra, pero lo leí tantas veces que lo tenía claramente delante de mi mente. Me tocó en suerte el capítulo quinto de los Hechos de los Apóstoles. Como durante algún tiempo había estado leyendo libros franceses sobre la evidencia del cristianismo (sobre lo cual había comenzado a tener algunas dudas), tomé como texto el discurso de Gamaliel ante el Sanedrín, e intenté probar la verdad del cristianismo por las circunstancias especiales de sus comienzos. El tema era una novedad en Sevilla y creo que mi sermón gustó mucho. Pero como en España los sermones se suelen decir de memoria, los oyentes están acostumbrados a una fluidez y tersura verbal que difícilmente se puede conseguir en una improvisación. Ciertamente hablé de corrido, sin vacilaciones, pero no estaba en mi poder convertir en un elaborado discurso una intervención preparada tan deprisa. Mi sorpresa fue mayúscula cuando dos días más tarde escuché el sermón de Vácquer, que fue de gran mérito no solo en cuanto al contenido sino en cuanto a la forma literaria. La estructuración de los períodos era perfecta y en ocasiones llegaba hasta la misma elocuencia. Sin embargo, yo sabía muy bien que siempre le había costado trabajo ordenar ideas sobre cualquier asunto. En una ocasión fui

---

9 Esta palabra viene de *Magister* en referencia al oficio de predicar que corresponde al magistral.

testigo de cómo después de gastar un mes entero intentando escribir la introducción de una disertación, la abandonó desanimado al darse cuenta de que cuanto más escribía más se apartaba del asunto central. Por tanto, el sermón en cuestión venía a suponer un cambio increíble, pero por extraño que pareciera podía ser verdad y yo no tenía fundamento para acusarlo de juego sucio. Pero, ciertamente, hubiera gozado de un injusto triunfo de no ser por uno de los asistentes (no recuerdo quién fue) que, aficionado a los sermones franceses, se acordó que el que había predicado Vácquer se encontraba literalmente en una traducción española de Bourdaloue, no muy conocida en Sevilla.

Preocupado porque la decisión de nuestros jueces fuera justa, sentimiento general en los oyentes de estas pruebas, como sucede en Inglaterra con los corros que se forman alrededor de dos personas que se han enzarzado en una pelea, el hombre en cuestión se dirigió sin tardar a un miembro de mi Colegio, al cual mostró el volumen del que Vácquer había copiado el sermón. No pudo haberlo puesto en mejores manos, porque Peñaranda, que de acuerdo con los estatutos había pasado a ser supernumerario hacía unos cuantos años, disfrutaba de habitaciones en el Colegio de por vida, y como no tenía otra cosa que hacer, se dedicaba a hacer visitas y a ser el portador de todos los chismes de la ciudad. Con el volumen de los Sermones bajo el brazo se fue acto seguido a casa de uno de los capellanes reales, que trabajaba tanto como él y participaba de su misma afición al chismorreo, y le descubrió el plagio como una simple muestra de curiosidad. Los dos se rieron de la trampa, pero al día siguiente toda la ciudad sabía lo que había pasado y el pobre Vácquer no tuvo más remedio que soportar esta nueva derrota de parte de una persona a la que constantemente había tratado de perjudicar por los medios más deshonestos, y con quien hubiera podido competir en noble lid en más de una ocasión.

La decisión del cabildo de las iglesias sometidas al Patronato Regio no es definitiva sino que se limita a enviar a la Corte el nombre de dos candidatos, el primero y el que se le sigue en méritos. Sin embargo, en la práctica quien recibe el nombramiento es el candidato que va en primer lugar. Mis amigos estaban seguros de que yo contaba con una franca mayoría a mi favor, y por otro lado también el público estaba de mi parte. Pero comenzó a formarse una intriga subterránea que ponía en peligro mi nombramiento. El Deán de la Capilla Real, al verse incapaz de proponer a su torpe protegido por encima mía, convenció hábilmente a los capellanes de lo siguiente. Como primer candidato yo sacaría diez de los doce votos, y los dos restantes serían para el desgraciado Vácquer, con objeto de no dejarlo sin alguna muestra de estimación. Pero bajo el pretexto de que el otro opositor era un buen muchacho, el Deán convenció a los capellanes que era de gran importancia para su futuro que fuera propuesto unánimemente en segundo lugar. La decisión del Cabildo fue publicada de acuerdo con este plan, y nadie ponía en duda de que yo recibiría la Patente Regia al cabo de unas semanas. Pero mientras tanto el astuto Deán había mandado a la Corte una contrapropuesta privada que iban a hacer llegar a las manos de la reina. Afortunadamente, mis amigos se enteraron de esta baja intriga y creo que el Ministro, que como sevillano conocía bien las partes interesadas, convenció a los defensores de mi rival en la Corte para que no insistieran en la evidente injusticia de la que iban a ser instrumentos. Mi nombramiento puso punto final por el momento a las esperanzas de mi torpe rival, pero más adelante los extraños giros de los cambios políticos en tiempo de la invasión napoleónica lo elevaron súbitamente a una canonjía en la catedral. Sin embargo, el pobre hombre la disfrutó muy escaso tiempo, porque murió poco después de mi salida de España.

El fin del desgraciado Vácquer fue realmente muy triste. Asaltado por violentas pasiones y agobiado por dificultades pecuniarias, e incapaz de imponerse a aquéllas por carecer del sentido del deber, cada día se veía envuelto en nuevos problemas. Su conducta llegó a ser un escándalo para sus mismos feligreses, para quienes no era un secreto que vivía íntimamente con la mujer del sacristán. Sin amigos, sin medios para una subsistencia decente, continuó viviendo en esta situación durante cerca de un año, al cabo del cual fue atacado repentinamente por una fiebre tan maligna que puso fin muy pronto a su desgraciada existencia.

Mi compasión por sus desgracias me llevó a asistir a sus exequias, señal de pésame que las costumbres andaluzas piden a los que de alguna manera conocen al difunto o a sus familiares. No recuerdo quiénes fueron éstos, porque no tenía familia y sus antiguos amigos lo habían abandonado.

Pero en ocasiones como éstas el sentimiento popular es generoso y bueno. En particular, la Universidad de Sevilla se considera obligada a asistir a las honras fúnebres de todos sus miembros, y Vácquer era Licenciado en Artes. Como de costumbre, en medio de la iglesia se alzaba un alto túmulo todo cubierto de negro y rodeado de hachones encendidos, sobre el que estaban colocadas las mazas de plata de la Universidad. Al acabar el funeral, los que habían asistido se acercaron a los dolientes, situados al lado derecho del túmulo, para expresar su pésame con una inclinación de cabeza. En el momento en que yo pagaba este último acto de respeto a la memoria de una persona a quien había querido de verdad y a quien nunca había dejado de compadecer, un accidente, pequeño en verdad, que sucedió en aquel instante, me sobresaltó y me hizo temblar con miedo supersticioso. Una de las mazas de la Universidad resbaló y vino a caer a escasa distancia de mi cabeza. No me hubiera causado mucho daño a no ser que hubiera caído directamente sobre mí, pero me pareció que había algo horrible en aquel hecho fortuito, algo así como un postrer acto de hostilidad, una póstuma manifestación de odio inextinguible. *Requiescat in pace*.[10]

---

10 Consciente como soy de que es más difícil llegar a entender las costumbres que los idiomas extranjeros, creo conveniente decir algo más con respecto a la conducta del sacerdote V[ácquer] con mi familia. Estoy seguro que mis lectores ingleses no dejarán de sorprenderse al ver que mi hermana no descubrió la villanía del falso amigo a quien habíamos dado tantas muestras de intimidad, en el mismo momento en que tuvo suficientes pruebas para conocer sus intenciones. Los que no hayan vivido en España difícilmente se podrán formar una idea de las consecuencias que el establecido celibato del clero produce en los sentimientos de las personas más cumplidoras de sus deberes religiosos. En efecto, un hombre que a los veintiún años se ha sometido incautamente a la ley inflexible que lo condena al celibato perpetuo, puede, a pesar de sus esfuerzos, llegar a concebir una fuerte atracción hacia una joven a quien honra y respeta, y a quien propondría matrimonio si pasando por los riesgos y sacrificios que fueran necesarios, pudiera librarse de la tiranía de la ley eclesiástica que los magistrados civiles confirman con su poder. En estas circunstancias un hombre honesto intentará ocultar sus sentimientos y huir de aquella persona a quien su amor solo puede causar daño. Pero supongamos que el sacerdote en cuestión carece del heroico sentido del deber que exige esta decisión, supongamos que incluso llega a manifestar su pasión sin esperanza. ¿Puede esta declaración ser considerada como un insulto? Quien ciertamente ofende a una mujer es el que teniendo libertad para casarse con ella busca únicamente su perdición, o quien le habla de amor cuando un previo compromiso solemne convierte este pretendido amor en un acto de la más abyecta traición. En cualquiera de estos casos una mujer modesta no dejará de sentirse arrastrada por sentimientos instintivos de resuelta indignación. Pero cuando se trata de un sacerdote católico —a no ser que sea un caso de abierto libertinaje— todo lo que se

1802, 27 años

Después de esto podía muy bien considerarme a la edad de veintisiete años no solo en posesión de los medios que me facilitaban una honorable y generosa subsistencia, sino también en vías de alcanzar puestos más altos por los mismos caminos independientes y honestos que me habían procurado el que entonces disfrutaba. Ciertamente, mi subsiguiente promoción a más elevadas dignidades eclesiásticas hubiera venido por el normal curso de los sucesos de no ser por un profundo cambio espiritual que me hizo concebir una irresistible aversión a la profesión clerical, sin tener la capacidad de encubrir mi estado de ánimo.

En mis libros sobre el catolicismo está fielmente descrita la historia de mi cambio de una sincera fe católica a la total incredulidad. No me siento con ánimo de volver a repetir la narración en este lugar, y mucho menos de acusarme de ningún horrendo pecado. Mi abandono del cristianismo no fue más que el resultado inevitable de haber examinado libremente la forma espuria pero admirablemente construida en que me lo habían enseñado. No abandoné el cristianismo para vivir sin frenos morales y nadie puede achacar mi cambio a inclinaciones viciosas o prácticas inmorales. Mi conducta siguió siendo correcta cuando, a pesar de mis sinceros esfuerzos por resistirme

---

puede esperar de la virtud femenina es que se niegue firmemente y tome las precauciones más estrictas. Esto no es más que la consecuencia natural de la ley del celibato, una de las más inicuas prácticas católicas. Además, como para aumentar el daño y el peligro, los libros de moral abundan en invectivas contra cualquier palabra o hecho que pueda manchar la buena reputación de un miembro del clero, y los mismos sacerdotes en el confesonario son los consejeros de las mujeres que se encuentran en el terrible dilema de ver su virtud en peligro y sentir el temor de descubrir a un sacerdote al poner en práctica las medidas necesarias para acabar con sus importunidades. Pero no quiero detenerme más en este triste asunto aunque la pureza angelical de mi hermana, que sacrificó su vida en aras de las falsas ideas de perfección cristiana aceptadas por los católicos, me daría confianza para seguir adelante sin el menor miedo de mancharla con la más leve sospecha al descubrir los graves peligros a que están expuestas las mujeres españolas. La Iglesia de Roma, su clero alto y bajo, son plenamente conscientes de los peligros que comporta la ley del celibato y si la siguen manteniendo no es por ignorancia. Nada de lo que yo pueda decir será nuevo para ellos, y también estoy seguro de que nada será capaz de llevarlos a acabar de una vez con esta abundante fuente de inmoralidad. Si el gobierno español llegara a independizarse suficientemente de la influencia clerical, podría dictar una ley que permitiera a todos los españoles el casamiento, dejando a los clérigos la decisión personal de seguir o no seguir obedeciendo esta ley de la Iglesia.

a convencerme, el convencimiento se hizo irresistible. Sé ahora que estaba equivocado al rechazar el cristianismo como impostura, pero en mis circunstancias de entonces no veo cómo me era posible separar el verdadero cristianismo del conjunto de errores y engaños que lo ocultaban a mis ojos. Después de un cuarto de siglo de atento y perseverante estudio he sido capaz de separar el error de la verdad en lo que llamamos cristianismo, pero esto lo he conseguido solo unos cuantos meses antes del momento actual en que estoy copiando mi manuscrito original.[11] ¡Y qué inmensa montaña de engaños, supersticiones y prejuicios he tenido que remover! ¿Cómo pues hubiera sido capaz en España de hacer tan delicado y laborioso examen, especialmente cuando me habían hecho creer firmemente a lo largo de mis estudios de que o la fe católico-romana era la auténtica revelación de los cielos de la Verdad sobrenatural, o el mismo cristianismo era una falsedad? Pero sigamos adelante.

Al ser nombrado Capellán Real me fui a vivir con mis padres, lo que los llenó de alegría y a mí me libró del inconveniente de poner casa. Mi hermana menor seguía viviendo con nosotros y era para mí una deliciosa compañera. Pero por aquellos años la salud de mi hermana mayor, que llevaba ya varios años de monja profesa, había estado declinando rápidamente como consecuencia evidente de la vida sedentaria y enclaustrada a que la obligaban sus votos. Sin embargo, es para mí un consuelo que jamás se quejó. La pude ver en su lecho de muerte tres días antes de que expirara, y el recuerdo de este último encuentro todavía hace acudir lágrimas a mis ojos. Ella se mostró tranquila y alegre, pero no porque estuviera dominada por el *entusiasmo religioso*. Se daba cuenta de que la muerte se acercaba, pero no la temía. Ninguna duda la atormentaba, pero tampoco se sentía enfervecida por raptos místicos. Me despedí de ella ahogado por sentimientos que a duras penas podía contener, y en sus bellos ojos apareció una lágrima cuando me dirigió su última sonrisa.

---

11 Estoy copiando el manuscrito original que escribí en Oxford mientras resido en Liverpool, diez meses después de la resolución que me llevó a separarme del arzobispo de Dublín y su familia. Cada vez veo más claro que mientras estuviera sometido al yugo —por muy ligero que sea— del credo de una Iglesia, no estaría en disposición de entender debidamente el complicado y oscuro tema de la Religión. Que nadie que pertenezca a un sistema establecido piense que puede juzgar desapasionadamente de estas materias. El menor compromiso invalida nuestra capacidad de juicio. (Nota de 1835.)

La única hermana que me quedaba estaba condenada a más severas pruebas a consecuencia de su temperamento. Bajo un aspecto exterior tranquilo se ocultaban los sentimientos religiosos más encendidos. Aunque había salido del convento, su celo religioso no había disminuido en nada. Sin embargo, hasta entonces no había mostrado ninguna mórbida preocupación por la religión, aunque por este mismo tiempo su salud empezó a resentirse, dando muestras evidentes de ataques histéricos, y parecía como si se estuviera marchitando lentamente. Los progresos de estos síntomas eran, sin embargo, suficientemente lentos como para que nuestro pequeño círculo familiar siguiera siendo tolerablemente feliz durante algún tiempo.

¿Quién hubiera podido pensar que en estas circunstancias y justamente cuando yo estaba más seria y concienzudamente dedicado a los deberes de mi profesión, una tempestad moral e intelectual iba a descargar sobre mi espíritu e iba a barrer todas las ideas religiosas que tan hábilmente me habían inculcado durante tantos años, tormenta, además, que iba a hacerme odiosa la misma idea de recibir más honores y emolumentos de la Iglesia, y a no poder soportar la permanencia en mi país? Sin embargo, esto es lo que sucedió, a pesar de mis esfuerzos por resistir.

El momento decisivo llegó cuando, después de admitir deliberadamente que la Iglesia había errado, saqué la necesaria conclusión a que tiene que llegar cualquier católico sincero en semejantes circunstancias: el cristianismo era una falsedad. Repito que esta conclusión no era propiamente mía, sino que la sacaba de la preparación cuidadosa que la misma Iglesia me había dado.

Cuando me recobré del miedo que este cambio violento produjo en mi espíritu, mis pensamientos se volvieron hacia las difíciles circunstancias de mi situación. ¿Cómo iba a actuar en adelante? Aunque lo hubiera querido, la Naturaleza me había incapacitado para vivir hipócritamente. Pero dejar mi profesión era imposible: las leyes de mi país lo prohíben e interpretan el abandono voluntario del oficio sacerdotal como prueba evidente de herejía, que está condenada con la pena de muerte. A no ser que me fuera del país no tenía más remedio que seguir actuando como sacerdote. Pero ¿cómo iba a dejar mi patria sin asestar a mis padres un golpe mortal? ¿Había algo capaz de justificar una medida que produciría tan terribles consecuencias?

Abrumado por estas irreconciliables alternativas, mi mente y mi corazón recurrieron a la idea de que los hombres más notables del paganismo debieron haberse encontrado en circunstancias parecidas. Así que me dije a mí mismo: Si ellos se conformaron externamente con los ritos religiosos de sus países y adoraron al verdadero Dios en su corazón, ¿por qué no puedo hacer yo lo mismo?[12] No me ofreceré para puestos de importancia en la Iglesia ni simularé celo proselitista; procuraré mostrarme digno de la confianza que depositen en mí como confesor y animaré siempre a los demás a que cumplan con sus deberes morales; a los que estén en dificultades los consolaré y aconsejaré de la mejor forma que pueda.

Estas fueron mis resoluciones y creo que las cumplí con aquellos que confiaron en mi ministerio sacerdotal. A este respecto debo añadir que nunca abusé de los privilegios de mi posición en la Iglesia para ningún fin inmoral. Pero, a pesar de estos buenos propósitos, bien pronto iba a desvanecerse la teoría sobre la que había basado mis esperanzas de vivir una religión filosófica.

Mis relaciones sociales se habían ampliado poco tiempo antes del período que he referido anteriormente con motivo del sermón que prediqué en la Capilla Real en un día de especial celebración en Sevilla. La Brigada de Carabineros Reales, que es un distinguido cuerpo de caballería, estaba acuartelada en la ciudad y tenía como patrono a San Fernando, cuyo cuerpo, verdadero o supuesto, se venera en la Capilla Real de su nombre.[13] Con

---

12 Esta analogía era falsa en cuanto que las religiones antiguas no se proponían como *verdaderas*, sino como las *más convenientes* para el país que las profesaba. El Cristianismo, sin embargo, en cualquiera de sus formas se ofrece como un conjunto de verdades reveladas por Dios. Por tanto los cristianos han de ser necesariamente sinceros en su fe. Si las leyes de un país no exigieran más que el cumplimiento de ciertos actos externos, no inmorales en sí mismos, cualquier hombre honesto podría obedecer leyes como éstas a pesar de que estén lejos de ser perfectas. Pero cuando a un hombre se le pide que declare públicamente su fe en la verdad de ciertas proposiciones, no actúa honestamente si no cree realmente en lo que profesa creer.

13 No hay motivo para dudar de la autenticidad del esqueleto y creo que el engaño está en afirmar la incorrupción del cuerpo entero. Estoy convencido que al principio esto fue una impostura premeditada, que ahora se mantiene por el temor a permitir el examen de los restos y la confabulación de los que están al tanto del engaño. Este parece ser el caso, por ejemplo, del clero inferior de la Capilla Real, que se aproxima más a los restos que los mismos Capellanes Reales cuando van a encender las velas o en cualquier otro servicio propio de los mismos.

motivo de la fiesta de San Fernando los Carabineros pidieron permiso para celebrar una misa solemne en el altar donde se guarda el cuerpo del santo. El permiso les fue concedido sin dificultad y los oficiales me invitaron a predicar el sermón. Como para aquel entonces estaba ya asediado por mis dudas contra el cristianismo, intenté confirmar mi vacilante fe predicando un sermón contra el escepticismo religioso. Pero poco bueno podía esperarse del discurso que mis estudios me permitían escribir: la mayor parte de la apologética que había leído era oratoria o sentimental, como por ejemplo el *Genie du Christianisme*, y mis modelos de elocuencia eran Bossuet, Massillon, Bourdaloue y Flechier, que en verdad son escritores admirables, de los que por lo menos he aprendido los artificios de la oratoria. Mi objetivo no era la instrucción de mis oyentes, pues hubiera resultado ofensivo, sino que les ofrecí un discurso al estilo de las *Oraisons Funèbres*. El sermón fue muy aplaudido y la Brigada lo mandó imprimir para su propio uso, como es la manera establecida de darle las gracias al predicador.

Después de la fiesta algunos oficiales de la Brigada buscaron mi amistad, especialmente uno que estaba casado con una joven muy amable y agraciada, y cuyas dependencias en el cuartel eran muy frecuentadas por la mejor sociedad sevillana. Allí me hice amigo de un sacerdote del alto clero, hombre muy culto y completamente incrédulo en secreto. Él me presentó a otro dignatario eclesiástico, mucho mayor que nosotros dos, que durante varios años había desempeñado un cargo de gran importancia en la diócesis pero que entonces vivía retirado. Poco tiempo después descubrí que también era violentamente anticristiano. Nunca hubiera llegado a conocer las verdaderas ideas de mis nuevos amigos de no ser porque el cambio que se estaba obrando en mi espíritu les mostró que podían confiarme sus secretos. Era evidente que ninguno de los dos pertenecían al bando fanático porque de no ser así no me hubiera atrevido a revelar mi estado interior en su presencia. Pero a medida que exponía mis ideas me animaban a seguir hablando. Recuerdo muy bien la ocasión en que descubrí mis nuevas opiniones al mayor de los dos sacerdotes en presencia del más joven. El viejo dignatario, cuyas formas eran habitualmente sosegadas y dignas, prorrumpió en una respuesta tan apasionada que me dejó atónito. Dijo palabras muy duras contra el Evangelio y acusó a la religión cristiana de toda la sangre derramada en las persecuciones religiosas, de todos los vicios del clero, de la degradación de muchas naciones y especialmente de la nuestra. Concluyó diciéndome que, como no había hecho más que empezar a levantarme de un abismo de prejuicios y supersticiones, no sería capaz de tener una idea adecuada de la realidad hasta que no conociera bien la historia del pasado y estuviera al tanto de otras informaciones que hasta entonces habían estado fuera de mi alcance.[14] Inmediatamente puso a mi disposición su biblioteca secreta, y lo mismo hizo el más joven que poseía una gran colección de libros franceses prohibidos.

Me dediqué incansablemente a este tipo de lecturas. El peligro de caer en manos de la Inquisición solo hacía más sabrosas las aguas prohibidas de las que estaba bebiendo con tantas ansias. En cierta ocasión tuvimos suficiente fundamento para sospechar que el Santo Tribunal iba a organizar una batida y, como no podíamos confiar los libros a los criados, nosotros mismos tuvimos que transportar una buena colección de ellos desde la casa de mi amigo a la mía, yendo y viniendo varias veces el mismo día llevando ocultas bajo los amplios pliegues de nuestros mantos las obras que de ser descubiertas nos hubieran expuesto a graves peligros. Entre los libros que ocultamos estaba *Le Système de la Nature*, obra decididamente atea. Nombro este libro en particular porque mi amigo, a pesar del peligro que sabía que corría con él, lo tenía en tal estima que al cambiar de residencia de otra ciudad andaluza a Sevilla, se llevó los dos volúmenes de la obra ocultos bajo la sotana, con la cual viajó por este único motivo, ya que solo lo hacen así los miembros más fanáticos del clero. En ninguno de mis libros sobre el catolicismo he mencionado la influencia que ejercieron sobre mí estos amigos porque hubiera puesto en peligro al que todavía vive. Pero cuando lleguen a publicarse estas memorias estoy seguro que, aunque siga viviendo, no le causará ni a él ni a ningún otro de aquellos buenos amigos la menor inconveniencia.

---

14 A medida que se ha ampliado mi experiencia de la vida le ha sucedido lo mismo a mi tolerancia —puedo decir incluso comprensión— con personas como estos amigos españoles. ¿Cómo nos vamos a sorprender que se alcen estas acusaciones contra el Cristianismo en España, cuando en la misma Inglaterra el espíritu queda anonadado al contemplar los males que cualquier forma ortodoxa de Cristianismo produce entre nosotros cada día y cada hora? ¿No está en estos momentos mi mismo corazón sufriendo a causa de la ortodoxia? (Octubre 1835.)

Se puede determinar que en este período de mi vida se fraguó todo lo que los subsiguientes acontecimientos no hicieron más que desarrollar. Ciertamente puedo decir que fijó para siempre mi suerte en la vida. Si yo hubiera sido capaz de vivir como otros muchos sacerdotes aprovechándome lo mejor posible de las circunstancias y disfrutando de mis opiniones, pagando solo la pequeña tasa de la conformidad externa y una aparente compostura de formas, nada me hubiera hecho irreconciliable con mi profesión. Pero siempre me han sido intolerables el disfraz y el disimulo precisamente en estos asuntos. Si me hubieran confiado todos los secretos de la creación pero a condición de no comunicárselos a nadie y dejar en su ignorancia y prejuicios a mis semejantes, no creo que mi corazón hubiera podido resistir este insoportable peso. Y aun este mismo sufrimiento hubiera sido una insignificancia en comparación con los que estaba condenado a padecer cuando arrastrado por un triste afecto tuve que amar a escondidas y disimular sentimientos que, siendo en sí completamente inocentes, una execrable superstición los había envenenado y degradado. Sufriendo miserablemente de esta manera no había nada en el mundo que me sirviera de compensación. Es verdad que estaba libre de temores religiosos, pero esto no alteraba mi ideas morales: nunca intenté suprimir los límites de lo bueno y lo malo y prácticamente seguí manteniendo los principios morales del cristianismo. Aunque no contaba con la ayuda del miedo a la condenación eterna, la acusación de mi propia conciencia era bastante para hacerme sufrir cuando lo merecía. Pero de todas formas mis circunstancias personales y la situación de la sociedad española no podían menos de llevarme por caminos que conducían al remordimiento. Esta lucha constante, que es difícil contar, me ocasionó el primer ataque de una enfermedad que después volvería a reaparecer en Inglaterra en unos momentos en que me agobiaba otro tipo de problemas, y que me ha debilitado y hecho sufrir durante largos años. Constantes náuseas unidas a una inapetencia total me privaron durante muchas semanas de mi afición a la lectura. Pero es difícil subyugar el vigor de la juventud. La clara conciencia del peligro en que estaba y la certeza que tenía de no poder acabar con los sufrimientos de mi inteligencia y mi corazón me urgían a tomar la resolución de irme de mi ciudad natal, al menos durante algún tiempo, y tratar de fijar mi residencia por cualquier medio en la capital de España.

1805, 30 años
Estoy pasando muy ligeramente sobre un período de casi tres años durante los cuales no dejé de hacer muchas cosas en Sevilla. En este tiempo fue cuando la Real Sociedad Patriótica me pidió que diera un curso de Elocuencia y Poesía, lo que hice durante dos años académicos, es decir, dos cursos universitarios de unos siete meses cada uno. Tenía un buen número de alumnos que me escuchaba tres veces por semana, y de ellos los asistentes más regulares era un grupo de jóvenes universitarios. Mi única recompensa era ver cómo mis alumnos progresaban en materias que habían estado abandonadas durante mucho tiempo, además del afectuoso agradecimiento de estos jóvenes. Volviendo la vista atrás he de decir que mi capacidad de aquellos años era totalmente inadecuada para la empresa propuesta, pero de todas formas era uno de los pocos que podía por lo menos intentarlo. Al irme a Madrid el curso estuvo interrumpido durante más de seis años. Sin embargo tengo la satisfacción de que cuando un injusto decreto de las Cortes dejó en la indigencia a mi amigo Reinoso, la Sociedad Patriótica volvió a abrir sus cursos de literatura y lo nombró profesor con un estipendio que, aunque módico, le permitió subsistir hasta que desapareció el espíritu de partido que tan cruelmente se había ensañado con él.

Uno de los acontecimientos que influyeron más en mi desgracia fue la decisión de mi hermana de tomar el velo. Esta determinación me hubiera entristecido en cualquier momento, pero el ver a una graciosa joven tan estrechamente unida a mí por los lazos de la sangre, una muchacha que hubiera podido ser mi compañera de toda la vida si hubiera querido permanecer soltera, instigada por la superstición a ofrecerse en sacrificio personal; darse cuenta de las malas artes que aquellos despreciables fanáticos usaron para hacer sus oídos sordos a mis consejos, y verme forzado por la tiranía religiosa del país al consentimiento y al silencio, me llenaron de hiel el fondo del alma. Jamás he visto la superstición católica en su luz más odiosa que al contemplarla en su tarea de convencer a las tiernas almas de nuestras mujeres para que se encierren en un convento para toda la vida. Estoy más que convencido de que existe un tipo de celos de lo más odioso, burdo y animal, que se alegra y triunfa al ver a una hermosa joven separada del mundo para siempre. Los guardianes de las bellezas orientales no tienen sentimientos más degradados que los de la mayor parte de los custodios espirituales de nuestros conventos.

En el caso de mi hermana había circunstancias especiales que llenaban de indignación. Al principio había sido hija espiritual de Arjona, pero al ser promovido éste a la canonjía de Córdoba escogió por confesor a un sacerdote filipense, discípulo favorito del Padre Vega, precisamente el que le ayudaba en los Ejercicios espirituales que he descrito antes. El padre en cuestión,[15] confesor de mi hermana, no era hombre de talento pero tenía un trato dulce y agradable y su piedad no parecía amenazadora. Yo mismo había llegado a sentirme atraído por su amabilidad y durante el tiempo que medió entre la promoción de Arjona y mi incredulidad él también fue mi confesor. He de decir con toda justicia que en tal capacidad jamás encontré en él la menor indicación de que su conducta no estuviera de acuerdo con los principios religiosos que profesaba. Pero tuve ocasión de conocer a un joven comerciante a quien el sacerdote en cuestión había distinguido como su favorito hijo espiritual. Yo lo conocía de antes, pero superficialmente. En cuanto mi incredulidad quedó establecida nos descubrimos nuestros mutuos sentimientos, llevados por una clase de instinto que solo pueden comprender los que hayan vivido en un país oprimido por la tiranía religiosa. Descubrí que aquel joven era ateo aunque por respeto a su suegro, de quien esperaba heredar una considerable fortuna, guardaba las prácticas externas de la religión. Como amigo íntimo del filipense durante muchos años, estaba bien enterado de sus secretos. Para gran sorpresa mía me enteré que este sacerdote no era una excepción con respecto a las fatales consecuencias del celibato forzado, por lo que me convencí de que él también era una de las desgraciadas víctimas de la Iglesia católica, uno de aquellos que habiéndose apuntado en las más avanzadas filas de la ascética, empujados por

---

15 No quiero mencionar los nombres de aquellas personas cuya perversa conducta me es particularmente odiosa pero que por otro lado no eran conocidos así públicamente. Con respecto a Arjona, poco tiempo después de estos sucesos empezó a no guardar secreto de su vida disoluta.

los mejores deseos de superación personal y entrega a los demás, después son vencidos por tentaciones más fuertes que ellos mismos, que los hacen caer y degradarse moralmente sin tener el coraje de arrojar la máscara de santidad. El sacerdote a que me refiero no tenía fuerza de carácter suficiente para oponerse a los temores supersticiosos que pesaban sobre su espíritu. Su vida era una sucesión continua de pecado y penitencia. Este tipo de hombres es extremadamente peligroso porque aprovechan con todo interés cualquier oportunidad de mostrar su celo por la religión.

Cuando me acuerdo del triste acontecimiento a que me estoy refiriendo, me sorprendo de haber sido capaz de no traicionarme a pesar de la vehemencia de mi indignación. La salud de mi hermana era muy delicada, y la de mi madre requería la compañía y ayuda de la única hija que le quedaba. Sin embargo aquel pobre hombre —no tengo corazón para usar calificativos peores— creía estar seguro de la aprobación y el favor de los cielos al fomentar el entusiasmo religioso de mi hermana, que había puesto sus ojos en uno de los conventos más lóbregos de Sevilla. En él no solo se observaba con el mayor rigor la regla de San Francisco, sino que las monjas tenían que dormir en unas planchas de madera a un pie del suelo; no podían usar ropa interior de hilo; calzaban burdas sandalias abiertas, que exponían los pies desnudos al frío y la humedad; los parientes próximos no podían verles la cara a las reclusas o tener comunicación con ellas salvo unos cuantos días al año y esto en presencia de otra monja; y a través de una espesa cortina colocada detrás de la doble reja de hierro que separaba a los visitantes de las prisioneras, el padre, la madre o el hermano solo podían intercambiar unas cuantas frases comunes con el ser querido que habían perdido para siempre. No puedo ocultar que aun a esta distancia de tiempo, mis sentimientos de indignación me ahogan cada vez que se me representa a lo vivo la imagen de aquel sacerdote sentado junto a mi hermana cuando nos anunciaron su resolución de meterse a monja. Puedo ver perfectamente la habitación, yo mismo de pie en un lugar bien recordado donde en presencia de mi madre no pude evitar una explosión indignada de reprobación que oscureció el rostro del cura hasta mostrar aquel ceño amenazador con el cual la más despreciable piltrafa te dice claramente que está pensando en denunciarte a la Inquisición. Me pidió que refrenara la lengua y no le prestara mi ayuda al gran tentador. ¡Pero qué persona a quien la vil superstición no le hubiera secado el corazón no se hubiera puesto de parte del tentador si su pretensión no fuera más que derrotar a los sacerdotes! He de contenerme porque me veo a punto de desvariar. Porque en verdad yo he sufrido todo esto en el siglo diecinueve, y lo he sufrido en nombre de un cristianismo que todavía sigue usurpando este nombre, y en un país donde muchos son todavía víctimas de este horrible sistema. Yo sé muy bien que esto no es cristianismo, pero ¡qué pocos entre los que dicen creer en el Evangelio parecen preocuparse por estos infelices! Yo sé de celosos protestantes que contemplan estos horrores con mirada benigna y suave, casi rayana en la aprobación, en tanto que lanzan airados anatemas contra cualquiera que se atreve a negar el símbolo atanasiano. ¿Podemos sorprendernos entonces de la extensión del ateísmo en Europa?

Debo apresurarme a terminar cuanto antes este tema, porque atormenta cruelmente mi corazón. Al acabar el año de noviciado durante el cual las monjas nos ocultaron cuidadosamente los progresos de la enfermedad de mi hermana, mientras que por otro lado la animaban a aumentar el mérito de su sacrificio colaborando a mantenernos engañados, se fijó el día de sus votos perpetuos. Arjona, que estaba entonces en Sevilla, iba a predicar en la terrible ceremonia, mientras que yo celebraría la misa cantada. ¡Qué espectáculo debimos ofrecer ante los ojos omniscientes del cielo! Mi antiguo amigo, al que más quería, el que más me había ayudado a desarrollar mi inteligencia, había caído por entonces en su acostumbrada y desenfrenada inmoralidad. Yo no sabía si había rechazado interiormente toda noción religiosa porque hasta el último día que lo vi no se había descubierto con franqueza a ninguno de sus más íntimos amigos sobre este particular, pero yo conocía muy bien a qué extremo de degradación habían llegado sus principios morales tanto en la teoría como en la práctica. Escribió casi todo el sermón que tenía que predicar en la ceremonia prácticamente en estado de embriaguez para demostrar que la juerga que habíamos corrido en un día iluminado por el brillante Sol de España no había sido capaz de disminuir sus talentos de compositor. La ceremonia de la profesión solemne, incluida la misa y el sermón, duró unas tres horas, durante las cuales el corazón del sacerdote oficiante estuvo en un estado tal que solo la infinita sabiduría y misericordia de Aquel que puede discernir entre la angustia y la maldad es capaz de comprender y perdonar.

Mi pobre hermana empeoraba de día en día, pero su enfermedad era tan lenta como dolorosa. Sus temores religiosos llegaron a ponerla al borde de la locura. Para calmarle estos sentimientos tenía yo que pasar por la frecuente tortura de escucharla en el confesonario, donde le administraba a la pobre víctima los consuelos que ponía a mi disposición la religión a la cual se había ofrecido en cruel sacrificio. En esta situación siguió viviendo por espacio de unos seis años. Hasta mucho tiempo después de mi venida a Inglaterra mi familia no quiso informarme de su muerte, respondiendo con evasivas a mis preguntas. Estaba yo como tutor en Holland House y sufría uno de los más fuertes y deprimentes ataques de la enfermedad que me ha perseguido durante muchos años cuando en una misma carta me informaron a la vez de la muerte de mi padre y de mi hermana.

No puedo pasar por alto que poco tiempo después de haberme convertido en enemigo decidido de las leyes e instituciones que me obligaban a disimular mis verdaderos sentimientos y a continuar actuando como sacerdote, pensé seriamente en emigrar a los Estados Unidos. Llegué a escribir a un amigo gaditano, que participaba de mis mismas ideas, pidiéndole que me informara de cómo podía conseguir en secreto pasaje en un barco americano. Pero mi amigo me recomendó con insistencia que siguiera en mi casa. El temor de que esta medida pudiera ocasionar la muerte de mis padres, y la certeza de que en cualquier caso los haría sufrir dolorosamente por el resto de sus días me hicieron seguir este consejo.

Sabía que un cambio de residencia a Madrid no contaría con la aprobación de mis padres, pero mis sufrimientos espirituales en Sevilla me hicieron pasar por alto esta consideración. Los estatutos de la Capilla Real permiten tres meses de vacaciones al año. Si tomaba un período de vacaciones al final de un año y otro al comienzo del siguiente, podía disfrutar de seis meses seguidos de ausencia. Estaba seguro de que en este tiempo podría conseguir permiso real para permanecer en Madrid con cualquier pretexto. Por otra parte en este plan no había nada reprobable: mis colegas del cabildo se beneficiarían económicamente a causa de la más frecuente rotación de ciertos oficios sin que la ausencia de uno o dos capellanes les causara ninguna clase de inconvenientes. Además tampoco era probable que otro capellán real solicitara un permiso semejante: en aquel tiempo los españoles, y sobre todo los clérigos, no tenían la menor afición a salir de viaje y ausentarse de casa.

Una vez tomada esta resolución no demoré mi viaje. Ya en Madrid fui a ver a dos antiguos colegiales que eran abogados y, de acuerdo con lo establecido, cortejaban a los ministros, especialmente al Príncipe de la Paz, que tenía en sus manos todo el poder del gobierno y el patronato real. Mis dos amigos pretendían ser nombrados magistrados de los tribunales provinciales de justicia, que llamamos Audiencias. Yo también podía haberme dedicado a buscar un puesto más importante en la Iglesia, pero este pensamiento no pasó por mi cabeza: todo lo que quería era estar lejos de Sevilla y gozar de las ventajas que la capital de la nación ofrecía a un hombre en mis circunstancias especiales.

Pero había una curiosa dificultad para poder residir en Madrid, que ya he contado en las *Cartas de España*. La policía había dado una orden prohibiendo a los forasteros vivir en la ciudad a no ser que consiguieran permiso escrito del Ministerio de la Gobernación. Con esta disposición hubiera sucedido lo mismo que con todas las que dicta el gobierno español, que se hubiera observado estrictamente durante varias semanas para ser relegadas pronto al olvido. Pero un hambriento policía podía causar a cualquier persona un sinfín de molestias e inconvenientes con objeto de sacarle algún dinero. Por esta razón una de mis primeras preocupaciones al llegar a Madrid fue la de ponerme a salvo de estas vejaciones. Mis amigos me aconsejaron que me ausentara de la capital durante algunos días y enviara una solicitud al Ministerio alegando la realidad de mi caso: el mal estado de salud que había padecido últimamente en Sevilla.

Como tenía muchos deseos de visitar Salamanca, pensé que no podía escoger mejor lugar para escribir mi petición, con excepción, claro está, del mismo Madrid. Los amigos escritores que me habían presentado en Madrid habían estudiado en la Universidad de Salamanca y me dieron cartas de presentación para sus amigos de aquella ciudad. Tenía una dirigida a Meléndez, cuya fama poética era tan grande como pequeña era su influencia en la Corte. Meléndez había llegado a ser nombrado Magistrado del Tribunal Supremo de Madrid principalmente a causa de la universal admiración que le habían granjeado sus composiciones poéticas. Pero él era en verdad hombre de amplios y variados saberes y capaz de desempeñar dignamente este alto cargo. El Príncipe de la Paz al comienzo de su favor ilimitado le había procurado no solamente este puesto, sino el mismo favor de la reina. Pero en el tiempo a que me refiero Meléndez había caído en desgracia y había sido desterrado a Salamanca, su ciudad natal. Lo encontré tal como me habían dicho, un hombre muy amable y afectuoso, de gran cultura y extraordinario buen gusto. Era el único español que he conocido que, habiendo dejado de creer en el catolicismo, no se había vuelto ateo, sino que era un devoto deísta.[16] Creo sin embargo que la sombra de libertad de conciencia que ha existido en España a partir de la guerra de la Independencia ha cambiado el estado de las cosas, y que probablemente el ateísmo sistemático es ahora menos general. Me parece que Meléndez era una persona naturalmente religiosa o, para usar los términos de los *frenólogos*, tenía un poderoso «órgano de Veneración».

Meléndez me presentó a [don Antonio] Tavira, entonces obispo de Salamanca. Este hombre inteligente y honrado había sido sospechoso de jansenismo tiempo atrás a causa de sus ideas reformistas. En particular le resultaba intolerable la burda superstición del país. De no ser por su elocuencia en el púlpito no hubiera sido elevado a ninguna dignidad eclesiástica, pero la fama de sus sermones le consiguió el nombramiento de prelado doméstico del rey [Carlos III]. Relacionado de esta forma con la fuente de toda promoción en el país, poco tiempo después fue nombrado obispo de las Islas Canarias. No deja de ser sorprendente que un hombre de su buen gusto y cultura aceptara el obispado de aquella parte semibárbara de los dominios españoles. Probablemente si no declinó el nombramiento fue por su deseo de intentar mejorar la situación moral y cultural de las islas. Pero el poder de los frailes estaba fuertemente afincado entre los canarios, y me va a perdonar usted una nueva digresión para contarle una de las dificultades con que se encontró Tavira.

En la catedral de Las Palmas se veneraba una imagen de la Virgen María de forma tan escandalosamente idolátrica que el obispo se vio obligado a intervenir. Desgraciadamente sus esfuerzos solo pudieron conseguir una

---

16 Después he conocido a un sudamericano en la misma situación.

levísima modificación en unas prácticas tan absurdas que no permitían ni una reforma parcial. Como consecuencia lógica de la creencia católica en la presencia real de Cristo en la hostia consagrada, la Iglesia ha dispuesto que cuando se expone el sacramento a la veneración pública tiene una preferencia absoluta sobre cualquier otro objeto de culto. Sin embargo en Las Palmas toda la devoción popular se centraba en aquella imagen de la Virgen María. En vano intentó el obispo persuadir al clero que la Virgen no estaba allí verdaderamente presente, que lo que tenían ante sus ojos era una imagen de madera, mientras que, por el contrario, tenían que creer que Cristo estaba tan realmente presente en el sacramento como cuando vivía en la tierra. Pero estas distinciones eran demasiado sutiles para que las entendieran los canarios, tanto clérigos como seglares. Aquella imagen, que el obispo había llamado tan irreverentemente un pedazo de madera, era la Virgen, la Virgen era la Madre de Dios, y una madre tiene que ser honrada antes que su hijo. Este razonamiento les parecía evidente. El obispo, sin embargo, alegando la autoridad de la Iglesia, ordenó que cuando el sacerdote en la celebración de la misa ofreciera incienso en el altar, dirigiera el incensario en primer lugar a la hostia consagrada, y después a la Virgen. A pesar de ello, en la primera ocasión en que el obispo fue a la catedral para asistir a una misa solemne con exposición del sacramento, el sacerdote oficiante tomó el incensario en sus manos y deliberadamente dirigió la nube de humo a la Virgen en primer lugar, levantando al propio tiempo la voz para decir de la forma más soez e insolente: «Que te la quite el obispo». Tal conmoción se produjo en el pueblo que el obispo vio su vida en peligro. Se hizo necesario su traslado a otra sede y así es como llegó a Salamanca. Las rentas de esta diócesis son escasas y aunque la ciudad puede ser considerada como el Oxford español, no tiene nada que la convierta en lugar agradable para vivir. En la época a que me refiero la población no era numerosa ni rica, pero en cambio había una enormidad de frailes.

    Antes de la reforma de los grandes Colegios Mayores de Castilla los hijos jóvenes de las familias de las provincias norteñas disfrutaban en exclusiva de las plazas de aquéllos y gastaban sustanciosas cantidades de dinero, la mayor parte de mala manera porque en los Colegios abundaban los juegos de azar. Pero desde que se abrieron a las clases bajas los Colegios cayeron en el mayor desprestigio y oscuridad al faltarles el rango social y el ambiente cultural que los había distinguido anteriormente.

El obispo Tavira, que residía en uno de ellos, parecía como si se hubiera retirado del mundo. Meléndez me dijo que hasta hacía un par de años el obispo había patrocinado unas selectas reuniones nocturnas con un pequeño grupo de seis u ocho personas, unas dos veces por semana. Pero tanto el gobierno como la Inquisición mostraron sus habituales recelos por este tipo de comunicación entre hombres distinguidos por su talento y relaciones sociales, por lo que el obispo se vio en la necesidad de poner fin a las reuniones y vivir en soledad. Su mesa era, sin embargo, muy distinta de las de los obispos españoles y sus huéspedes no se veían forzados por las reglas de la etiqueta. Tavira tampoco tenía a su servicio jóvenes de buenas familias, como era la costumbre de otros obispos. En una palabra, su casa era más *europea* de lo que se pudiera esperar de los Pirineos para abajo.

Con la aprobación de mi cabildo conseguí licencia real para residir en Madrid durante un año. Lamento profundamente el modo con que malgasté mi tiempo en la capital de España. Sin embargo, en ningún otro período de mi vida vi más claramente la protección de Dios sobre mí. Si pudiera hablar con libertad sobre este punto sin causar daño a quienes menos se lo merecen, aparecería claramente que el mundo, y mucho menos el país contra cuyas bárbaras leyes con respecto a la religión apelo ante el tribunal de los cielos, no tienen ningún fundamento para condenarme. En un momento en que estuve a punto de dejarme arrastrar a una vida de disipación y deshonestidad a causa de estas leyes, mi encuentro con un caso de desamparo y pobreza total en medio de una larga y grave enfermedad, me llevó inmediatamente a una actitud altruista, superior incluso a mis medios de fortuna. De esta manera, mis relaciones se limitaron exclusivamente a aquella mujer que por mi medio había podido escapar de una muerte inminente. Doy gracias a Dios de todo corazón por haber cumplido fielmente todo lo que el más estricto sentido del deber puede reclamar con respecto a estas relaciones. Mi gratitud es todavía mayor al ver que mi fidelidad ha sido después recompensada en el más alto grado.

Mientras disfrutaba de mi liberación de los inútiles y para mí odiosos deberes de mi cargo clerical, se abrió en Madrid un establecimiento que vino a ser el mejor medio de prolongar mi ausencia de Sevilla. El Príncipe de la Paz, aunque no era personalmente hombre de letras, se mostró siempre dispuesto a favorecerlas, y si la situación del país hubiera permitido mejorarlo en este aspecto particular sin una reforma general de su sistema moral y político, ciertamente lo hubiera conseguido. Es verdad que las mejores medidas de este orden se veían siempre estropeadas por los propósitos egoístas de personas que gozaban del favor del Príncipe o de la Reina, pero a veces sus resultados fueron evidentemente beneficiosos. El establecimiento de una escuela de educación primaria de acuerdo con el sistema de Pestalozzi fue un buen proyecto que de no ser por la invasión francesa hubiera beneficiado mucho al país.

En el Ministerio de Guerra español había un funcionario llamado Amorós, hombre de gran perspicacia e inquietud intelectual.[17] Los deberes de su cargo le dieron la oportunidad de darse a conocer al Príncipe de la Paz. Por aquel tiempo la fama de Pestalozzi se había extendido por toda Europa, como bien merecían sus talentos y más que éstos su espíritu altruista. El plan de instrucción que había ideado para beneficio de los hijos de los campesinos se adaptaba tan perfectamente a la educación general elemental que se aplicó también a la educación de las clases altas en Alemania y Francia. Pero como tantas veces sucede, muchos advenedizos que se habían acercado a la escuela de Iverdún para hacerse de un nombre, estropearon el proyecto original con sus propias explicaciones. Sin embargo, a pesar de estos parásitos, las evidentes ventajas obtenidas por los alumnos directos de Pestalozzi mostraron la utilidad del método de forma evidente. Amorós se aprovechó de esta circunstancia para su medro personal, pero no sin buscar al propio tiempo la utilidad pública. Informó al Príncipe de la Paz de las maravillas que el sistema pestalozziano estaba consiguiendo en Iverdún, y le sugirió la idea de establecer una escuela con el propósito de ensayarlo en España.

El Príncipe de la Paz, que había recibido una educación mejor que la mayor parte de los jóvenes de su clase que no han estudiado en la Universidad, fue hasta el fin de su carrera política un amigo de la promoción de la cultura y, de no haber sido por la completa desmoralización del país y por las intri-

---

17 Los funcionarios de los ministerios españoles tienen gran influencia en la Corte y gozan de más consideración que sus colegas ingleses. En el tiempo a que me refiero los del Ministerio de la Guerra solían ser oficiales del Ejército.

gas cortesanas que amenazaron frecuentemente su poder e hicieron que tuviera que dedicar mucho tiempo a su propia protección, creo que hubiera sido un patrono eficaz de las letras. De esta manera, el plan que le propuso Amorós contó desde el primer momento con su total aprobación. El favorito se lo recomendó al Rey, que hizo a Godoy patrono de la nueva escuela.

Solo los que conocen la situación de Madrid en aquellos años pueden darse cuenta del interés con que la nobleza de la capital solicitó la admisión de sus hijos en la nueva escuela. De acuerdo con el gusto francés que prevalecía entonces, y que creo sigue prevaleciendo todavía, una de las primeras medidas que se tomaron fue la de convertir la escuela en un instituto militar, fijar además un uniforme para los alumnos y promover a Amorós al rango de coronel como director del *Real Instituto Pestalozziano*. Pero parece que el Príncipe insistió en que el establecimiento fuera considerado solo como un experimento, probablemente con objeto de prevenir las numerosas solicitudes que habían de llover para conseguir puestos en la nueva escuela si ésta apareciera como una institución permanente. De conformidad con este plan, Amorós le propuso al Príncipe el nombramiento de una Comisión de literatos que vigilara e informara sobre los progresos de la escuela y las ventajas del nuevo método.

Mi afición por la música me había puesto en relación con Amorós por aquel entonces, ya que él también era un buen aficionado y daba conciertos semanales en su casa. Tuve, por tanto, ocasión de darle a conocer las causas de mi estancia en Madrid y mi deseo de prolongar mi ausencia de Sevilla. Me ofreció hacerme miembro de la comisión que iba a ser nombrada y, como había que guardar ciertas apariencias para no alarmar a los fanáticos, me pidió mi consentimiento para nombrarme *catequista*, es decir, instructor religioso de la escuela. Puede ilustrar la situación del país en este punto la circunstancia de que Amorós me pidió disculpas por proponerme para este cargo, y yo mismo lo acepté con cierto sentimiento de vergüenza y degradación.

Me aseguró que sentía mucho verse obligado a pedirle a un hombre *ilustrado* que aceptara este puesto, y yo disimulé mi vergüenza con la excusa de que lo aceptaba para prevenir así la presencia de un fanático en la escuela. Tengo la satisfacción de poder decir que ni me ofrecieron ningún emolumento ni yo lo pedí. Mi única aspiración era no volver a Sevilla, lo cual conseguí por medio de una Real Orden que me excusaba de mis deberes de residencia en aquella ciudad indefinidamente. Mis amigos sevillanos me creyeron en camino de conseguir un obispado, pero ya he dicho que este tipo de promoción estaba muy lejos de mis deseos.

La Comisión de la que era miembro me nombró para que redactara un informe sobre los progresos del Instituto. Imbuido como estaba de las ideas de la vieja escuela francesa, mi propósito al escribir el informe fue hacer una composición al estilo de los discursos de la Academia francesa. Poco o nada dije de los resultados prácticos de la educación dada a los niños, porque estos detalles no eran del gusto del país, sino que mi trabajo fue una argumentación para probar que el método pestalozziano no podía menos de producir buenos resultados. El discurso se mandó imprimir y fue muy bien recibido.

No llevaba muchos meses en relación con el Instituto Pestalozziano cuando empezó a formarse la terrible tormenta que pronto iba a descargar sobre España. La primera señal visible fue el arresto del Príncipe de Asturias, que tuvo lugar en El Escorial en noviembre de 1807, a consecuencia de su intento de ganar el favor de Napoleón y enemistarlo con el Príncipe de la Paz.

1807. 32 años
Pero de momento todo parecía seguir igual a pesar del sentimiento general de miedo e inseguridad. Durante este período de expectación se celebró el primer examen público de los alumnos del Instituto, en el cual se hicieron evidentes los buenos resultados conseguidos. Los niños, de escasamente ocho años de edad, mostraron la capacidad más sorprendente para el cálculo tanto de números enteros como fraccionarios, lo que me hace sospechar que aquel niño americano que hizo en este país una demostración parecida había sido educado de acuerdo con el método de Pestalozzi. En este examen público recité una oda que llegó a manos del Príncipe de la Paz y me procuró la distinción de ser admitido a una de sus recepciones privadas, es decir, las que estaban reservadas para personas de alto rango, especialmente oficiales del Ejército. El Príncipe, que en verdad era hombre muy agradable y cordial, me dirigió unas palabras de felicitación al pasar junto a mí, según su costumbre de hablar con cada

uno de los invitados. Creo que esta recepción fue la última que ofreció. En las *Cartas de España* he contado detalladamente los sucesos que siguieron.

En el breve espacio de tiempo que medió entre esta recepción y la ocupación de Madrid por los franceses en 1808, fue cuando estuve a punto de ser nombrado tutor del infante don Francisco de Paula, el más joven de los príncipes españoles, que entonces tenía unos doce o catorce años. El emperador francés había enviado al rey Carlos IV la bien conocida carta que le había escrito el Príncipe de Asturias, después Fernando VII,[18] implorando su protección contra la excesiva influencia del Príncipe de la Paz. El rey mandó arrestar a su hijo, que fue confinado en sus habitaciones de El Escorial. Entre los sospechosos de haber aconsejado al Príncipe de Asturias en tan temeraria y desafortunada actuación estaba el tutor de su hermano menor. Amorós estaba en El Escorial con la Corte, pero el Príncipe de la Paz se había quedado en Madrid para eludir la sospecha de influir en las medidas que el rey creyera conveniente tomar después de recibir la comunicación de Napoleón.

La mañana en que se conoció en Madrid el arresto del heredero de la corona recibí una inesperada carta de Amorós pidiéndome que fuera inmediatamente a El Escorial para un asunto de gran interés para mí. Yo desconocía totalmente las noticias que habían empezado a circular por Madrid, y fue un amigo con quien me encontré camino de la parada de las diligencias quien me alarmó con la información recién llegada de Aranjuez, pero seguí adelante porque no quería desagradar a Amorós. Llegué a su residencia aquel mismo día por la tarde, pero estaba en Palacio. Hasta que regresó permanecí en penosa incertidumbre, aunque la posibilidad de ser empleado en alguna aventura que me diera la oportunidad de ver el mundo, estaba muy lejos de disgustarme. La llegada de Amorós acabó con los únicos castillos en el aire que un rayo de ambición me hizo concebir por una sola vez en mi vida. Amorós me informó de la situación de Palacio y me habló del puesto que durante algunas horas había estado abierto para mí. Pero el tutor había sido hallado totalmente inocente de cualquier relación con lo que se llamaba *la conspiración*, y como mis servicios no eran necesarios podía volver a Madrid a la mañana siguiente. Más aún, como los forasteros eran

---

18   Fechada el 12 de octubre de 1807.

considerados sospechosos sin más averiguaciones, no era conveniente que permaneciera más tiempo en El Escorial. No puedo decir si todo aquello no fue más que un exceso de interés por parte de Amorós, o si realmente había recibido instrucciones específicas sobre mí del Príncipe de la Paz. De lo que estoy convencido es de que la Providencia me libró de una difícil situación que, además de los peligros a que me hubiera expuesto, hubiera interferido con la cadena de sucesos que terminaron con mi venida a Inglaterra, el más venturoso de los acontecimientos de mi vida.

Los diferentes hechos de la Revolución española se sucedieron con sorprendente rapidez. Las provincias más alejadas de la capital proclamaron la guerra contra los franceses, y llegó el momento en que había que tomar partido en el enfrentamiento inevitable. La lucha que tuvo lugar en mi espíritu fue más dura de lo que soy capaz de explicar. Conocía demasiado bien la situación moral e intelectual de mi país para sentirme optimista sobre los resultados favorables de la insurrección popular. Yo sabía muy bien que muchos de mis amigos creían desinteresados actos de patriotismo lo que no eran más que mezquinas ambiciones personales. Ellos confiaban, además, que cuando los ciegos prejuicios del país hubieran conseguido arrojar a los franceses de la península, el partido *liberal* tendría la oportunidad de someter a los clérigos, a los que de momento les permitían tener una ascendencia total sobre el pueblo para usarlos como instrumento pasajero. Pero a mí me parecían absurdos estos razonamientos. Yo estaba convencido de que si el pueblo pudiera permanecer tranquilo bajo la forma de gobierno a que estaba acostumbrado mientras el país se libraba de una dinastía de la que no era posible esperar ninguna mejoría, la humillación política de recibir un nuevo rey de manos de Napoleón quedaría ampliamente compensada con los futuros beneficios de esta medida. En efecto, en pocos años la nueva familia real se identificaría con el país. Muchos de los españoles más ilustrados y honestos se habían puesto del lado de José Bonaparte. Se había preparado el marco de una Constitución que, a pesar de la forma arbitraria con que había sido impuesta, contenía la declaración explícita del derecho de la nación a ser gobernada con su propio consentimiento y no por la voluntad absoluta del rey. La Inquisición, fuente y causa principal de la degradación del país, iba a ser abolida inmediatamente, y lo mismo sucedía con las Órdenes religiosas, aquel otro manantial de vicios, ignorancia y esclavitud intelectual. De esta forma, en menos de medio siglo, el país, libre de impedimentos para el desarrollo natural de su capacidad para el bien, quedaría completamente regenerado. Estas eran mis opiniones durante la ansiosa espera que siguió al horrible dos de mayo de 1808.

1808. 33 años
La triste experiencia me ha convencido de que no estaba totalmente equivocado. Yo sé que muchos amigos míos han reconocido haber estado en el error, pero la verdad es que entonces ellos me consideraban un *patriota* muy indiferente. Estoy dispuesto a reconocer que nunca he sentido aquella clase de *patriotismo* que ciega a los hombres tanto con respecto a los defectos de su propio país como a los suyos personales. España, como entidad política, miserablemente oprimida por el gobierno y la Iglesia, dejó de ser objeto de mi admiración desde mi temprana juventud. Jamás me he sentido orgulloso de ser español porque era precisamente como español como me sentía espiritualmente degradado y condenado a inclinarme delante del sacerdote o seglar más mezquino, que podía despacharme en cualquier momento a las mazmorras de la Inquisición.

Durante muchos años pensé que una sentencia de destierro de mi patria, lejos de ser un castigo sería una bendición para mí. Pero había algo en mi pecho que me haría capaz de sacrificar gustosamente mi vida en favor del pueblo en medio del cual nací y me hice hombre, si hubiera algún poder que me librara del aplastante peso del sacerdocio. A pesar de todo, tuve bastante patriotismo como para no unirme al partido afrancesado, que contaba con la hasta entonces invencible ayuda de los ejércitos de Napoleón, y marcharme en medio de graves peligros y dificultades a la misma sede del fanatismo, Sevilla, donde tenía que volver a desempeñar mi insoportable oficio, durante tanto tiempo abandonado, y actuar como un hierofante ante una multitud ciega, ignorante y engañada. ¿Quién era, pues, el verdadero patriota? ¿El que siguiera, como yo, a la masa de sus compatriotas contra sus propias convicciones, porque no quería verlos forzados a aceptar lo que consideraba bueno para ellos, o el de aquéllos que al unirse al pueblo no hacían más que seguir los impulsos de sus sentimientos, por no mencionar sus propósitos de ambición e interés personal?

Si se hubiera establecido el gobierno de José Bonaparte, la tierra donde nací hubiera dejado de ser para mí un lugar de esclavitud, pero, sin embargo, tan pronto como me enteré que mi propia provincia se había levantado contra los franceses, acaricié mis cadenas y regresé sin demora al lugar donde sabía que me habrían de amargar más la vida: volví a Sevilla, la ciudad más fanática de España, en el momento en que estaba bajo el control más completo del populacho ignorante y supersticioso y guiada por aquellos clérigos que me causaban al propio tiempo horror y desprecio. Volví en medio de constantes peligros de mi vida a través de otras regiones del país que atravesaban una situación de anarquía homicida y sed de sangre. Viajé con más incomodidades que el más humilde de los labriegos ingleses hubiera pasado montado en un carro.

La conciencia de la rectitud de mi conducta y el sacrificio que hacía de mis propias ideas en aras de los deseos de la mayoría del país, me daban ánimo en medio de escenas que demostraban la barbarie más insospechada, pero el ánimo se me vino abajo cuando conocí la situación de mi ciudad. Las más bajas e inicuas intrigas habían llevado a la junta que ejercía allí el gobierno supremo, a algunas personas de lo más vergonzoso e inútil de la ciudad. Se habían pasado por alto los crímenes más flagrantes, e incluso se había llegado a premiar y promover a los agentes empleados en cumplir venganzas personales. Pero no es mi intención escribir la historia de los sucesos públicos. Quiero tan solo responder a las injustas sospechas que han arrojado contra mí. También se han preguntado cómo me pude dedicar a escribir en favor de lo que rechazaba. La respuesta es obvia. Ni por un momento dudé de la justicia de la causa nacional, ni justifiqué la forma en que Napoleón pretendió cambiar la dinastía española. Lo único que puse en tela de juicio fue la utilidad de un levantamiento popular. Pero puesto que el levantamiento se había producido de hecho, estaba dispuesto a defender la causa española contra Francia a cualquier riesgo. Por tanto, escribí y actué de acuerdo con mis sentimientos. Mis escritos no dejaron de tener algún efecto en el público y estoy seguro de que la razón de su eficacia no era más que la consecuencia de los sentimientos profundos y sinceros que los motivaron.

1808

Al llegar a Sevilla me urgieron a que me presentara sin demora ante la Junta Suprema, que estaba instalada permanentemente en el Alcázar o Palacio Real. El espacioso patio rectangular que se encuentra delante del gran salón del palacio estaba constantemente ocupado durante todo el día por una gran multitud que esperaba con ansias las últimas noticias sobre la situación del país. Mi llegada produjo una gran conmoción y muchos de mis mejores amigos se abrieron paso a través de la multitud para acudir a mi encuentro, mientras sus rostros mostraban preocupación en vez de la alegría que yo esperaba. Me sorprendieron mucho sus preguntas sobre Sotelo, otro íntimo amigo mío, que había sido compañero colegial en Santa María de Jesús, y que después de ser Magistrado en Sevilla había sido promovido al Tribunal Supremo de Madrid. Durante mi residencia en la capital seguimos en los mismos términos de intimidad, pero dada la confusión que dominaba a todos los habitantes de Madrid no pude verlo antes de salir con dirección a Sevilla, y no estaba al tanto de sus movimientos e intenciones.

El Presidente de la junta [don Francisco Arias de] Saavedra, me trató con gran cortesía e incluso me hizo tomar asiento entre los miembros de la misma. Me preguntó sobre la situación en que había dejado Madrid y repitió la pregunta sobre Sotelo. La respondí que no lo había visto desde varios días antes de salir de Madrid. Me dijeron que tenían motivos suficientes para sospechar que se había quedado allí con la intención de ayudar al partido afrancesado. Esto no era verdad, pero lo único que podía oponer a esta afirmación era que en mi última conversación con él se había declarado positivamente en contra de los franceses. Me dijeron que podía retirarme a descansar de la fatiga de mi largo y peligroso viaje. Muchísimos amigos vinieron a darme la bienvenida, demostrando con su presencia que cualquier vaga sospecha que hubiera podido levantar mi regreso a Sevilla en unos momentos de desconfianza y excitación general, se había disipado instantáneamente.

A los seis meses escasos de mi salida de Madrid, Napoleón se apoderó de la capital. La Junta Central, que por entonces se había proclamado Suprema contando a duras penas con el consentimiento de las provinciales, se escapó a Sevilla. Mi amigo el poeta Quintana, uno de los españoles más honestos y más capaces que jamás he conocido, vino con el gobierno a esta ciudad. Fue nombrado Subsecretario de Estado con el principal propósito de que escribiera Manifiestos y Declaraciones en nombre de la Junta. Durante el tiempo que medió entre la primera retirada de los franceses y las campañas victoriosas de Napoleón, mi amigo había fundado en Madrid un periódico semanal con el título de *Semanario Patriótico*, que había sido muy bien recibido por toda la nación. El gobierno quería que la publicación siguiera adelante, y Quintana me ofreció la dirección junto con don Isidoro Antillón, profesor de Historia y Geografía en el Colegio de Nobles. Antillón participaba de los mismos puntos de vista que yo desde el comienzo de la guerra y también, como yo, se había entregado a la causa nacional contra Napoleón, aunque ninguno de los dos hubiéramos aconsejado la insurrección popular. Habíamos sido colegas en el Pestalozziano y puedo decir sin miedo de que me puedan contradecir que actuamos en nuestros respectivos cometidos con toda honestidad e independencia. Cuando aceptamos el encargo del *Semanario* declaramos unánimemente que no escribiríamos bajo los dictados de nadie, pero como no había ley que protegiera la libertad de prensa teníamos que someter nuestros trabajos al *imprimatur* de un censor, que lo fue Quintana. Aunque él nos daba libertad total bajo su responsabilidad, no nos atrevíamos a dar rienda suelta a nuestras plumas, pero recíprocamente nos comprometimos a que en nuestros escritos no apareciera nada que pudiera sonar a halagos a los hombres en el poder, y a que el *Semanario* nunca fuera instrumento para engañar al pueblo.

Grande fue el éxito de los pocos números que publicamos. Antillón se encargó de la parte histórica y empezó a escribir sobre el desarrollo de los acontecimientos que tuvieron lugar desde el comienzo de la guerra patriótica. No soy yo capaz de alabar dignamente las cualidades de Antillón para su tarea, y de la mía poco puedo decir.

Mi ignorancia, aunque muy grande, era al fin y al cabo menor que la normal entre los españoles, la mayor parte de los cuales jamás se han dedicado a pensar en asuntos políticos o morales. Yo había leído algo sobre libertades políticas y derechos populares, pero mis ideas eran demasiado crudas y especulativas. Por tanto, todo lo que podía escribir no era más que frases contra la tiranía y el abuso del poder. Pero aun esto había que hacerlo bajo las cautelas y restricciones inherentes a un estado de cosas en el que las autoridades no habían hecho más que cambiar de nombre, y donde los hábitos populares de sumisión solo habían sido levemente alterados por un pasajero movimiento contra los escandalosos abusos de la Corte de Madrid.

El triste destino del periódico a que me refiero mostrará mejor que cualquier otra cosa que pueda decir la clase de gobierno que había surgido a consecuencia de la invasión francesa. El *Semanario*, que era la publicación en que por primera vez habían aparecido en la Península algunas nociones filosóficas sobre materias públicas, mostró a la Junta (corporación tímida y egoísta)[19] el poder que la prensa podía ejercer sobre la inteligencia de los hombres. Las mejores clases leían ávidamente nuestras escasas páginas semanales. A pesar de nuestra falta de libertad, los lectores se dieron buena cuenta de que teníamos más cosas que decir que las que de hecho expresábamos, y de esta manera empezó a sentirse curiosidad por ciertos asuntos sobre los que la junta sentía el mayor horror. Tampoco estaban menos alarmados algunos individuos ante la posibilidad de que nuestro periódico diera a conocer algunos *hechos* de forma más ajustada a la realidad que le gustaba a la corporación que gobernaba el país. De esto último tuvimos una prueba suficientemente clara varias semanas después de haber comenzado nuestra tarea.

Antillón había comenzado una narración detallada de las operaciones militares en la Península. Sus afirmaciones eran claras y sus puntos de vista ajustados y exactos. La descripción de una campaña mal conducida por oficiales ignorantes e inexpertos no tenía más remedio que revestir cierto carácter involuntario de censura, a pesar de la más deliberada moderación de lenguaje. El duque del Infantado había mostrado tan inequívocamente su

---

19 No me refiero al carácter de cada uno de los componentes de la Junta sino al conjunto resultante, si se me permite la expresión. Respeto la memoria de Jovellanos, que ciertamente era hombre de gran talento y cualidades y altamente honorable, pero también era tímido y estaba poseído de los más grandes prejuicios dadas las circunstancias en que tenía que desenvolverse. Creo que era víctima de los más indignos de sus colegas.

falta de talento al frente del ejército, que la simple narración de sus operaciones (si así puede llamarse la indecisión y pasividad más completas) era suficiente para demostrar su incapacidad. Pero el duque era tan ambicioso como débil e irresoluto. Privado del poder militar buscaba ahora el político y había fijado su residencia en Sevilla para esperar allí la oportunidad de convertirse en jefe del gobierno. Su vanidad hubiera sido suficiente para llenarlo de preocupación al considerar el pobre papel que iba a representar en la correcta descripción de su campaña, pero en aquella ocasión había una doble causa para alarmarse con el progreso de la narración de Antillón, que ciertamente iba a rebajarlo ante los ojos del pueblo que él pretendía gobernar. La manera con que evitó el peligro que lo amenazaba debe parecerle tan divertida a un inglés como humillante es para uno que no puede olvidar que nació español.

Nuestro amigo Quintana recibió un mensaje del duque pidiéndole que fijara hora para que un carruaje de Su Excelencia viniera a recogerlo. Como Quintana no conocía personalmente al duque, este requerimiento, a pesar del gran estilo de cortesía con que se le hacía, no pudo menos de suscitarle cierta inquietud. La entrevista fue corta. El duque le dijo abiertamente a Quintana que lo llamaba como censor del *Semanario*, y que como la narración histórica del periódico estaba a punto de llegar al período de su mando militar, quería que se tuviera bien entendido que no estaba dispuesto a admitir ninguna observación sobre su conducta. Quintana prometió atender sus deseos —¿qué otra cosa podía hacer?— y vino a ponernos al tanto de la voluntad del duque. Antillón se dio cuenta de que era necesario interrumpir su relación en primer lugar porque Quintana, que como censor era responsable de la publicación, confiaba en nuestra amistad y en segundo lugar porque sabía muy bien que el duque no tendría el menor escrúpulo en utilizar a un par de sus fornidos lacayos para darle a un pobre periodista una lección práctica de cómo había que respetar a los Grandes de España.

Si la simple historia había levantado un obstáculo tan inesperado e invencible para el progreso de nuestro periódico, yo empecé a darme cuenta de que mi curso de Filosofía política no iba a discurrir con más tranquilidad. Había comenzado a publicar un ensayo sobre el gobierno representativo, que pretendía continuar en varios números, con el rebuscado título de *El problema político.* Desde el mismo comienzo de la revolución se había hablado insistentemente de la necesidad de convocar las Cortes españolas, pero no había duda de que la Junta Central se oponía secreta pero decididamente a esta medida, aunque era también evidente que la opinión pública la obligaría a ceder. Posponer el día aciago fue siempre la norma política de aquel grupo de hombres egoístas e imbéciles, a los que la casualidad o la intriga había llevado al gobierno del país en tiempos difíciles. Aun el mismo Jovellanos (de quien es imposible no hablar con respeto) se dejaba arrastrar por unos recelos profundamente asentados hacia todo lo popular. Él quería restaurar las Cortes, pero más como pieza de museo, con ropajes del siglo quince, que como cuerpo efectivo de gobierno.

En el período del cual estoy escribiendo los otros componentes de la Junta habían encontrado la forma de tener entretenido tanto al pueblo como al mismo Jovellanos haciéndolo presidente de una comisión que, en tanto que los franceses se apoderaban de Despeñaperros y se aprestaban a invadir Andalucía con fuerza irresistible, tenía que recoger información y consultar a todas las instituciones del país sobre la mejor forma de restaurar las antiguas Cortes del reino.

El deseo de la Junta era que no la molestaran en estas extemporáneas investigaciones, y verse libre de la impaciencia del pueblo, sobre quien el *Semanario* podía influir considerablemente al respecto. No se atrevieron a prohibir la publicación de nuestro periódico de forma directa y oficial, sino que mandaron a Quintana que nos retirara su venia y confianza. Jamás olvidaré la sincera preocupación de aquel hombre bueno y honrado cuando me comunicó las órdenes que había recibido ni la generosidad con que accedió a mi decisión de dar a conocer al público que el periódico había sido prohibido por el Gobierno. Yo estaba decidido a publicar esta información por mi cuenta y riesgo, pero Quintana quiso también tener parte en ello. Mi comunicación estaba escrita en términos que en Inglaterra hubieran parecido muy tímidos, pero que en España fueron suficientes para provocar un gran sentimiento general de desaprobación contra el proceder de la Junta. Tuve ocasión de ir a Cádiz casi un mes después de la suspensión del *Semanario*, y puedo decir que todavía estaba fresca la impresión que habían producido mis palabras de despedida. Al entrar en uno de los cafés más frecuentados por las clases mejores de la ciudad, uno le los presentes, que me era completamente desconocido, me reconoció y se dirigió a todos los reunidos para agradecerme públicamente el espíritu de independencia que había demostrado.

La popularidad conseguida por el *Semanario* indujo a Jovellanos a nombrarme miembro de la comisión que había de preparar la convocatoria de las Cortes. Siempre me ha sido difícil actuar de forma que pudiera interpretarse como exceso de orgullo y falta de sentimientos, pero si hubiera aceptado este nombramiento estoy seguro de que hubiera aparecido públicamente como si aprobara las engañosas maniobras políticas del gobierno y estuviera a la caza de un buen puesto público. Por tanto hice violencia a mis sentimientos naturales y rechacé la propuesta.

Sin embargo, poco después volví a recibir otra prueba de estimación. Jovellanos había enviado circulares a todas las universidades españolas del territorio no ocupado por los franceses, pidiéndoles su opinión sobre la futura constitución de las Cortes. La Universidad de Sevilla celebró una reunión para nombrar a dos de sus miembros que prepararan en nombre de ella el informe pedido. Creo que ya he mencionado que por un acto arbitrario del gobierno de Carlos III, mi Colegio, con el que la Universidad de Sevilla había estado identificada desde su fundación, había sido privado del derecho a conferir grados académicos. Durante casi medio siglo había estado pendiente un proceso entre el Colegio y la ahora llamada Universidad, a consecuencia del cual los colegiales que se habían graduado en Sevilla, como yo, nos absteníamos de toda relación con los disidentes para evitar que la asistencia a las reuniones universitarias se interpretaran como un acto de aquiescencia con el estado de las cosas. Es cierto que tanto el mismo proceso como estas protestas activas se habían convertido ya en meras formas, pero de todas maneras no hubiera podido imaginarme que la Universidad pasaría todo por alto para llamar a una persona que había roto toda relación con ella durante tantos años y que, aunque ya no era miembro del Colegio rival, de acuerdo con lo establecido estaba completamente identificado por el resto de su vida con aquella corporación. Así fue que con no pequeña satisfacción recibí una carta del Secretario de la Universidad informándome que había sido nombrado como uno de los dos graduados que habían de preparar el informe de la misma, encargo que acepté muy gustosamente.

Mi colega era un doctor en Derecho llamado Seoane, abogado de muy buena reputación, pero que me dejó el cuidado de escribir el informe después de habernos puesto de acuerdo con las ideas democráticas que íbamos a recomendar. Estas eran en esencia prescindir de las antiguas formas y privilegios, una mera tolerancia de los privilegios de los Grandes y la constitución de una sola cámara.

Sin pérdida de tiempo puse manos a la obra, pero antes de comenzar mi colega y yo decidimos obligar a la Inquisición a que nos dejara algunos de los libros prohibidos que en distintas ocasiones había requisado y arrojado en una de las habitaciones de su odioso castillo para que fueran pasto de los gusanos. Pensaba que dado el estado de la nación el público no toleraría una negativa inquisitorial. Es verdad que poco tiempo podíamos dedicarle a los libros que fuéramos capaces de arrebatar de las garras inquisitoriales, pero nos alegraba el triunfo que suponía la recuperación de unos libros perdidos para el mundo y que no pertenecían a nadie. En resumen, mi plan recibió la completa aprobación de todos mis amigos y el éxito que tuvo nos alegró más de lo que un inglés puede imaginarse. Mi colega y yo dirigimos una petición formal a los inquisidores dándoles a conocer nuestro deseo de consultar ciertos libros extranjeros y pidiéndoles que nos los facilitaran de los ejemplares que estaban en su poder.

El Santo Tribunal nos autorizó a entrar en el lugar donde habían arrojado los libros confiscados, para que sacáramos los que creyéramos más convenientes. Es muy difícil describir el estado de la habitación donde me permitieron entrar. El suelo estaba cubierto de grandes montones de libros en total confusión; el polvo, que en los ardientes veranos de Andalucía se mete hasta los rincones más ocultos, había formado sobre ellos una espesa capa de más de un cuarto de pulgada. Al mover los dispersos volúmenes para reunir unos cuantos libros de valor, el secretario y yo nos vimos envueltos en una nube de polvo. Conseguí dos ejemplares casi completos de la Enciclopedia. El Tribunal tenía que haber recogido con mucha frecuencia esta obra porque el suelo estaba prácticamente sembrado de volúmenes de sus diversos diccionarios revueltos en el mayor desorden. No recuerdo qué otros libros fui capaz de salvar de los gusanos, que con un poder devorador difícilmente comprensible para los que no hayan visto sus estragos en las regiones de clima cálido, habían reducido ya a fragmentos un gran número de volúmenes. Seoane y yo nos repartimos equitativamente los libros rescatados y como la Inquisición dejó de existir poco tiempo después bajo el pasajero reinado de los Bonaparte es posible que los que me tocaran a mí estén todavía en poder de algunos amigos españoles.

Como estoy ya a punto de contar mi salida de España, haré de este triste acontecimiento el principio de otra parte de esta narración.

Capítulo III. Salida de España y llegada a Inglaterra (1810)

Hubo un tiempo en que recordar los sentimientos que acompañaron mi destierro de la tierra donde había nacido me causaba ese estado de tristeza tranquila del que es difícil separarse. Las personas de temperamento afectivo no dejan de experimentar cierto gozo espiritual que, aunque íntimamente relacionado con la tristeza, tiene el encanto de ser al propio tiempo una prueba evidente de nuestro amor imperecedero a los seres queridos y a las cosas que conocimos en nuestra primera juventud. Con el paso de los años ha aumentado la sensibilidad de mi espíritu con respecto a estos temas, aunque por otra parte también confío que ha decrecido algo su primitiva morbosidad al recordar los tristes sucesos del pasado.

Cuando escribí las *Cartas de Leucadio Doblado* tuve valor suficiente para hablar de mis padres, que tienen un papel importante en la supuesta narración del clérigo español, pero ahora ya no soy capaz de fijar los ojos del espíritu en estas queridas imágenes. He demorado comenzar esta parte de mis memorias por el temor instintivo de volver a revivir aquellos recuerdos del pasado que están inseparablemente unidos a mi salida de España.

Pero este temor también me ha hecho ver que existe la posibilidad de separar el Recuerdo de la Imaginación, que es algo así como contar sin pintar. Estoy convencido de que la Mente es capaz de utilizar señales imprecisas para representar incluso sus más vivas impresiones, de forma que en vez de escribir como pintando las cosas y las personas puede hacerlo como si utilizara símbolos algebraicos. Tal es el lenguaje del Alma cuando ha quedado atrás el paroxismo del dolor y las antiguas heridas, aunque sigan abiertas, se han cubierto de piel. Es en una palabra un lenguaje totalmente opuesto al del poeta o el novelista. En los momentos presentes carezco de suficiente ambición como para atreverme a escribir sin reparos con este estilo descolorido e impersonal.

Cuando los miembros de la Junta Suprema se vieron obligados a buscar su salvación en la huida y no pudieron ocultar por más tiempo la noticia de que las tropas francesas avanzaban hacia Sevilla sin el menor impedimento, se apoderó del pueblo un estado general de consternación y una abulia total dominó la ciudad, de tal manera que nadie era capaz de tomar una decisión sobre las medidas que debían adoptarse para defender la ciudad. Este estado de cosas es muy propicio para que los audaces se hagan dueños de la situación. Pero yo sabía muy bien que la paralización producida por el terror duraría bien poco, y que el pueblo se despertaría pronto de su inercia dispuesto a hacer que los dirigentes corrieran la misma suerte de la ciudad.

En los tres días que precedieron a la tormenta popular tomé la determinación, y la llevé a efecto, de abandonar España. Durante varios años había estado fraguando en mi interior el propósito de irme de mi patria y de tal manera me había identificado con él que apenas tenía pensamiento o deseo que de una u otra manera no estuviera relacionado con mi proyecto. Pero siempre se me presentaba revestido con los velos del desaliento y cual planta venenosa sus innumerables raíces ahogaban con intolerable hastío todos mis sentimientos.

Este triste panorama cambió cuando se me presentó inopinadamente, como en una explosión incontenida, la posibilidad inmediata de realizar mis deseos. Ante las circunstancias del momento aquellos que me amaban y que hasta entonces me habían cerrado todas las posibilidades de salida, dejaron de mostrar su dolor y de oponerse al proyecto. En particular mis padres temían que los partidarios de José Bonaparte me pudieran ganar para su partido. Todavía me alegro, a pesar del tiempo transcurrido, cuando recuerdo que sus fuertes sentimientos antifranceses los ayudaron a mitigar el dolor de la separación. Tampoco sabían ellos que mi determinación era no volver más a mi país y estoy convencido de que los habituales recelos de mi madre con respecto a las opiniones religiosas, y el peligro cierto en que me veía de caer en manos de la Inquisición debió haberla suavizado de alguna manera la pena de mi ausencia.[20]

---

[20] En mi libro *Evidence Against Catholicism* menciono las razones de este convencimiento. Como ejemplo de los horribles males producidos por el fanatismo católico, he contado que durante algún tiempo mi madre, que me quería apasionadamente, evitó hablar conmigo ante el temor (según me informó un amigo de ella y mío) de que yo pudiera decir algo en su presencia que, de acuerdo con las leyes de la Iglesia Católica, la obligara a tener que acusarme ante la Inquisición. Quiero aprovechar esta oportunidad para protestar (lo que no puedo hacer sin indignación) contra la torpe acusación de algunas personas de este país que, como he sabido recientemente, se han escandalizado de que pudiera publicar esta *acusación* contra mi propia madre. Sin ayuda de este dato insospechado nunca hubiera podido imaginar hasta dónde es capaz de llegar la estrechez mental, el espíritu de campanario, es decir esa mente que no puede actuar como no sea de acuerdo con cierto mecanismo, e incapaz también de colocarse en circunstancias distintas de aquéllas

Su temor de que el partido afrancesado trataría de conquistarme no era de ninguna manera imaginario. La noche antes de mi partida de Sevilla uno de mis amigos más íntimos me instó con lágrimas en los ojos a que no me fuera del país. Cierta persona, cuyo nombre no me quiso decir, le había manifestado que estaba en comunicación directa con el gobierno del rey José, y en nombre de ella mi amigo no solo me ofreció protección sino incluso la concesión de favores especiales. Él estaba persuadido de que la campaña militar no tardaría en terminar y que el deber de todos los españoles honrados era contribuir al establecimiento de una nueva dinastía que, puesto que contaba con el apoyo de un buen número de españoles ilustrados, sería capaz de levantar al país de su postración moral y librarlo del yugo clerical. Pero yo permanecí sordo a sus razonamientos. Conocía demasiado bien la firmeza con que la superstición estaba enraizada en mi país y sabía que no era el amor a la independencia y a la libertad el que había levantado el pueblo contra los Bonaparte, sino el temor que sentía la gran masa de los españoles ante la pretendida reforma de los abusos religiosos. Para desgracia mía yo pertenecía a la clase culpable de la ignorancia y los incurables males morales de España, el título de sacerdote me molestaba y deprimía y, a pesar de ello, no podía quitarme de encima esta odiosa mancha aunque intentara borrarla con mi propia sangre.

De permanecer en el país tendría que seguir siendo sacerdote y hubiera estado condenado a vivir en contradicción con mis propias ideas hasta el día de mi muerte. La libertad intelectual me atraía de forma irresistible y ahora que la veía a mi alcance no había nada en el mundo que pudiera arrebatármela.

El socio de mi padre, un irlandés llamado [Lucas] Beck, y su mujer, prima hermana mía, junto con otro pariente nuestro, un fraile dominico que había vivido fuera de la Orden en un puesto del gobierno, habían decidido tomar el camino del Guadalquivir y esperar en Cádiz el curso de los acontecimientos.

---

en que han nacido y crecido los vecinos de una parroquia inglesa... ¡Y sin embargo esta buena gente será capaz de hablar en piadosos raptos de la fe de Abraham! Mi madre es digna de compasión por haber sido educada bajo la influencia absoluta de las doctrinas católicas, tal como se entienden en España. Pero su entrega a lo que ella consideraba su deber le da derecho a la admiración de los que saben valorar un carácter virtuoso situado en las más difíciles circunstancias externas. Esto lo sabía yo muy bien, y lo tenía muy en cuenta cuando di a conocer la mayor prueba posible de su fidelidad y recta conciencia.

Yo me uní a la partida y a eso de las nueve de la mañana subimos a uno de los barcos sin cubierta que hacían la travesía de Sanlúcar. En aquel preciso momento nos informaron que el populacho se había levantado al otro lado de la ciudad y venía camino del río. Tuvimos que navegar río abajo durante un buen trecho antes de llegar a una batería que a una milla de la ciudad dominaba gran parte del curso del río. Era precisamente a este lugar a donde se dirigía a toda prisa el populacho, determinado a poner fin a la emigración de Sevilla. Al pasar junto a ella pudimos oír con toda claridad el batir de sus tambores, pero afortunadamente cuando se apoderaron de ella ya estábamos lejos de su alcance.

A pesar de ir a favor de la marea no navegábamos a más de cinco o seis millas por hora, y hasta el tercer día no llegamos a la desembocadura del río donde nos esperaba un barco inglés consignado a nuestra casa comercial, que venía a por un cargamento de lana. El socio de mi padre, aunque ansioso de escapar de los franceses cuyas avanzadillas podían verse en cualquier momento, no lo estaba menos de ver el cargamento de lana que nos había seguido embarcado a salvo en el navío inglés anclado en Sanlúcar. Por esta razón permanecimos en el barco que nos había traído otras veinticuatro horas más sufriendo los más graves inconvenientes antes que atrevernos a desembarcar y pasar la noche en Sanlúcar, donde también parecía que en cualquier momento se levantaría el pueblo, especialmente en cuanto llegaran las noticias de la ocupación de Sevilla por los franceses, como de hecho venía sucediendo ante el avance victorioso del enemigo.

Humillar la habitual arrogancia de los españoles con el mero hecho de mostrarles que los franceses habían conseguido lo que los naturales del país, sin hacer nada para impedirlo, los habían desafiado a hacer, era una ofensa demasiado grave para su temperamento irascible y su estúpida arrogancia. ¡Ay del desventurado mensajero de tan malas nuevas! Un oficial español estuvo a punto de ser asesinado en Sevilla el mismo día en que, según sabía yo de muy buena fuente, la Junta Central había recibido la noticia de la rendición de Madrid ante Napoleón, porque desconocedor de que el gobierno había decidido tener engañado al pueblo el mayor tiempo posible, se había atrevido a mencionar el triunfo francés en un café público.[21]

En toda Andalucía era un artículo de fe patriótica la inexpugnabilidad de Sevilla. Cuando nuestra llegada a Sanlúcar arrojó la primera sombra de duda contra tal creencia, no tardamos en darnos cuenta de que no se podía perturbar impunemente la confianza de nuestros compatriotas. Por fortuna nuestra pudimos afirmar con toda verdad que los franceses no habían llegado a Sevilla cuando nosotros salimos de la ciudad, y encontramos buena excusa para nuestra huida en el ejemplo del gobierno que nos había precedido camino de Cádiz. Sin embargo difícilmente me olvidaré de la expresión homicida de un marinero que en nuestro propio barco nos contestó que tanto el gobierno como los que seguían su ejemplo merecían ser ahorcados por traidores.

Afortunadamente a la mañana siguiente el río apareció lleno de barcas de fugitivos y la arrogancia del día anterior había cedido el paso a un pánico general, por lo que pudimos embarcar en el navío inglés sin ningún inconveniente. No pude ocultar mi alegría al ver la bandera inglesa izada en lo alto del mástil cuando iniciamos nuestra singladura rumbo a Cádiz. Mi alegría hubiera sido completa si nuestro destino inmediato hubiera sido Inglaterra pero, a pesar de todo, mi satisfacción era tan grande que no la hubiera cambiado por el mejor obispado de España. Levamos anclas al atardecer en medio de violentas explosiones que se oían a cierta distancia, y en cuanto se hizo de noche pudimos ver con toda claridad los fogonazos que las precedían. El espectáculo duró toda la noche. El capitán nos aseguró que eran descargas de artillería, de lo que sacamos la conclusión que estarían volando unas torres que hay en la costa antes de que llegaran los franceses.

---

21 El cardenal Cienfuegos, actual arzobispo de Sevilla y que entonces era miembro de la Junta, me lo dijo por la mañana del mismo día en que llegaron los despachos anunciando la rendición de Madrid. Él no podía suponer en tal momento que sus colegas iban a ocultar esta información. Me encontré con el cardenal cuando iba camino de la Capilla Real. Al terminar el servicio religioso otro amigo me aconsejó que no publicara la información que había recibido. El secreto estuvo tan bien guardado durante diez o doce días y extendieron tan eficazmente informaciones en sentido contrario, que yo mismo llegué a pensar que debía haber habido algún error en lo que me dijeron. Creo que esto formaba parte del plan engañoso con el que la Junta quería obligar a Sir John Moore a avanzar en dirección a Madrid.

Al echar el ancla la mañana siguiente en la bahía de Cádiz encontramos el puerto y la ciudad en un estado de total confusión. El gobierno local había dispuesto que no se permitiera la entrada a los forasteros con la única excepción de los ciudadanos británicos. Como el capitán de nuestro barco y mi pariente irlandés iban a hacer uso de este privilegio, decidí hacerme pasar también por inglés. Me prestaron una casaca de vivos colores y adoptando el aire menos clerical de que era capaz seguí al capitán en dirección a la puerta de la ciudad. Él pasó primero y un fraile gordinflón que estaba allí de guardia para velar por el cumplimiento de las disposiciones del gobernador me preguntó: ¿*Inglis*? Mi respuesta, aunque no en un inglés muy refinado, fue perfectamente idiomática, con lo que el fraile me saludó y me dejó pasar.

Una vez dentro de Cádiz estaba seguro de poder permanecer en la ciudad sin ser molestado, porque conocía muy bien de qué manera se cumplen en España las órdenes de las autoridades. Pero para no comprometer a mis huéspedes gaditanos me presenté a uno de los magistrados que no objetó nada a mi permanencia en la ciudad en cuanto le aseguré que mi intención era salir para Inglaterra en el primer paquebote.

Mi impaciencia por dejar el territorio español se acrecentaba cada día por temor de encontrar alguna dificultad que me impidiera marchar. Mis muchos amigos de Cádiz quisieron convencerme para que me quedara en España, pero todo fue inútil. Tres semanas interminables pasaron antes de que zarpara el paquebote e incluso cuando ya estaba todo dispuesto para la partida tuvimos que esperar la valija diplomática del embajador inglés, Mister Frere, que después de arduas conversaciones con las autoridades españolas había conseguido permiso para que entrara en Cádiz una división de tropas inglesas, que estaban a punto de llegar, y lógicamente quería comunicar a su gobierno la entrada efectiva de las mismas en la ciudad.

Durante este tiempo de espera, la monja española cuya desgraciada historia he contado con todo detalle en mi libro *Evidence Against Catholicism*,[22] vino a verme antes de mi partida para rogarme que me la llevara conmigo y la salvara de este modo de las manos de sus crueles tiranos. Jamás podré olvidar el triste destino de esta desgraciada víctima de la superstición.[23]

---

22   Véase *Contra el catolicismo*, en la edición de Linkgua. (N. del E.)
23   *Evidence Against Catholicism*, págs. 285-8. Segunda edición.

Tuve ocasión de ver cómo la división inglesa entraba en Cádiz por la Puerta de la Mar, al mismo tiempo que las tropas francesas ocupaban la costa al otro lado de la bahía, y poco después del desembarco de los ingleses entré en mi destartalado camarote del *Lord Howard*, como creo recordar se llamaba el barco que me trajo a Inglaterra.

Si en aquellos momentos mi espíritu me hubiera permitido ocuparme de cualquier otra cosa que no fuera el objeto de mis ardientes deseos, tantas veces postergados y que ahora por fin había alcanzado, las condiciones del barco me hubieran suministrado suficientes motivos para probar mi paciencia, pero la idea de ser libre ofrecía suficiente compensación a mis incomodidades. Estaba en alta mar bajo la protección del pabellón inglés y al mismo tiempo que el Sol empezaba a levantarse sobre el horizonte la hermosa ciudad de Cádiz se iba hundiendo lentamente en las aguas. Una sombra de melancolía pasó por mi espíritu al pensar que nunca más volvería a ver sus altos edificios blancos y traté de consolarme con la contemplación de la sublime extensión del océano que se abría en inmensa soledad delante de mis ojos.

Nuestra travesía fue favorable en líneas generales. Recuerdo especialmente una bellísima noche de Luna en el golfo de Vizcaya.[24] A la mañana siguiente nos dio alcance una fragata que afortunadamente resultó ser inglesa. Nos encontramos con una tormenta cerca de las islas Scilly y pasamos la noche con cierto peligro, pero de todas formas no me sentía extraño en alta mar, lo que no les sucedió a un par de pasajeros españoles que también venían en el barco. Uno de ellos vino a pedirme la absolución por si acaso naufragábamos. Sin embargo el tiempo mejoró por la mañana y pudimos ver el cabo Land's End antes de que una genuina niebla inglesa cayera sobre nosotros. Eran casi las once de la mañana del 3 de marzo de 1810 cuando anclamos en el puerto de Falmouth. Hasta aquel momento no había sentido la menor preocupación, pero los once días pasados en el mar en las

---

24 Entre unas cuantas poesías inglesas que en cierta ocasión me sentí empujado a escribir, hay un poema en verso libre sobre mis recuerdos de una *Noche en el golfo de Vizcaya*. Lo escribí cuando estaba en el más alto grado de mi recobrada ortodoxia y por tanto abunda en sentimientos que ahora rechazo totalmente, en particular —si recuerdo bien— un pasaje declamatorio contra la filosofía. Liverpool, 22 noviembre 1838.

circunstancias menos confortables, me habían producido una indisposición corporal que no podía menos de influir en mi estado de ánimo.

Por otro lado no se me había pasado por la imaginación proveerme de ropa adecuada para el clima inglés. Un frío como nunca había experimentado me caló hasta los huesos. La niebla me daba la impresión de que estaba respirando muerto. Abrumado por estos sentimientos permanecí en cubierta en medio de la confusión que acompaña a todos los desembarcos, especialmente cuando hay una gran multitud de pasajeros que están deseando pisar tierra, sin preocuparse más que de ellos mismos, todos dominados por una especie de egoísta irritación.

Sin conocer nada de lo que me rodeaba y muy susceptible por el sentido del ridículo y la falta de atención que todo extranjero, y particularmente un español, siente en Inglaterra, permanecí inmóvil esperando el último turno y completamente indiferente ante la posibilidad de tener que pasar el resto del día y la noche siguiente en el barco. Se apoderó de mí la idea de que el clima del país acabaría conmigo en poco tiempo y sentí como si estuviera a punto de desembarcar en mi propia tumba.

Tuve la suerte de que el portador de los despachos del embajador británico era un amigo mío, Mister Lascelles Hoppner, hijo del conocido pintor del mismo nombre y él mismo un joven artista de gran porvenir de la misma escuela de su padre. Había pasado cierto tiempo en Sevilla estudiando las espléndidas y diversas pinturas que se guardan en aquella ciudad, cuna de Murillo. Lascelles Hoppner, que no mucho tiempo después tuvo que ser internado en un asilo de lunáticos, era entonces un joven de carácter agradable y servicial. Durante su estancia en Sevilla había gozado de su casi diaria compañía y la de su hermano mayor Mister Belgrave Hoppner. Me había hecho amigo íntimo de los dos y tuve la suerte de que Lascelles me ofreciera un sitio en la silla de posta que iba a conducirlo a Londres con objeto de llevar a su destino con la mayor rapidez posible los despachos de Mister Frere.

Fue este amigo quien me alivió de los penosos sentimientos de soledad que se habían apoderado de mí en un país cuya lengua conocía solo imperfectamente y donde me sentía desorientado para abrirme camino y hasta para encontrar alojamiento. A la familia Hoppner le debo mi primera experiencia de la hospitalidad inglesa. Todos los miembros de esta familia, especialmente mi joven amigo y compañero, estaban pasando en aquellos momentos por una durísima prueba. Mister Hoppner, su padre, había muerto hacía unas cuantas semanas. Lascelles se había enterado estando en España de la enfermedad de su padre pero habiendo conocido e intimado con una joven española, retrasó su regreso más de lo que las circunstancias permitían, y cuando se enteró de que la enfermedad era tan grave que se esperaba un rápido y fatal desenlace, empezó a sentir la angustia de que su padre pudiera morir con la impresión de que no había cumplido debidamente sus deberes filiales. Salimos de Falmouth inmediatamente después de desembarcar y viajamos incansablemente día y noche hasta que a las ocho de una triste y oscura noche nuestra silla de posta se paró enfrente del *Foreign Office* en Downing Street. Era allí donde mi pobre amigo esperaba tener las primeras noticias sobre el estado de su padre y desgraciadamente los temores que lo habían asaltado durante el viaje se vieron confirmados. Volvió a la silla en un estado de indescriptible sufrimiento y nos dirigimos sin pérdida de tiempo a su casa en Charles Street. Apenas abrieron la puerta entró corriendo en la casa, dejándome solo en la silla donde permanecí durante mucho tiempo tan agotado por el viaje que apenas tenía fuerzas para hablar y sin saber qué hacer.

Al fin mi amigo se acordó de mí, pero en vez de mandar a un criado que me condujera a una casa de huéspedes me invitó a entrar. Difícilmente se puede encontrar un momento más inoportuno para presentar a un desconocido a la familia. Estuve sentado sin pronunciar palabra escuchando una serie de discursos, cada uno de los cuales hacía que mi pobre amigo rompiera en un mar de lágrimas, acompañadas por convulsivos sollozos. Me aproveché del primer intervalo de algo así como silencio para manifestar en mi pobre inglés mi sentimiento por la involuntaria intrusión a que las circunstancias me habían llevado, y mi deseo de que me indicaran dónde podía encontrar alojamiento. Esto se consiguió más fácilmente de lo que mi desconocimiento de Londres podía sospechar. Me acosté sin demora y un sueño profundo y reparador puso fin durante muchas horas al confuso y vehemente arrebato de pensamientos que habían enfebrecido mi cabeza en el transcurso de aquel día.

Capítulo IV. Narración de su vida en Inglaterra (1810-1814)

El estado de sobria reflexión que me había devuelto el descanso de la noche resultó ser una prueba mayor para mi espíritu que la agitación del día anterior. A eso de las ocho me despertó el ruido de la calle y la escasa luz de una nublada mañana londinense que entraba por la ventana. Mi primer sentimiento en aquel momento fue de curiosidad por conocer cómo era la renombrada capital de Inglaterra. Salté de la cama y corrí a la ventana para gozar de lo que me imaginaba sería una escena tan espléndida como jamás había disfrutado. Solo los que conocen bien los alrededores de Carlton House hace treinta años serán capaces de comprender los sentimientos que experimenté al mirar por la ventana. Alban Street, donde me alojé, en las inmediaciones de Carlton House, ha desaparecido junto con el mismo palacio y con muchas otras desvencijadas calles que se extendían desde Alban hasta la Ópera. Pues éstos fueron precisamente los objetos que se me presentaron a la vista como las primicias de Londres. Todo lo que podía contemplar estaba como bajo el omnipotente dominio del polvo, el humo y la oscuridad, y aun al mismo palacio le faltaba la suntuosidad y belleza que tienen los edificios públicos. Se dejaba ver diminuto e insignificante, medio oculto detrás de una cortina de columnas que daban la impresión de que su dueño lo había construido en un ataque de depresión mental para poder vivir tristemente aislado de este mundo. Pero lo que me desagradó más fue el hollín que se enseñoreaba de todos los edificios. La ciudad entera parecía como si estuviera hecha con carbón y cenizas. Era en verdad un espectáculo abrumador el que contemplaban mis ojos, y no podía menos de suscitar en mi espíritu sentimientos tan lóbregos como él mismo.

«¿Y ahora qué vas a hacer en Inglaterra?», me preguntó mi buen juicio en un tono que no se había atrevido a tomar durante mucho tiempo. La pregunta me sobresaltó, como si me hubiera presentado súbitamente una serie de dificultades jamás previstas hasta aquel momento, y miré a mi alrededor sintiéndome inútil y abandonado. Había traído conmigo una orden bancaria de 100 libras, que eran los ahorros de mi último año de residencia en España, pero ¿qué era esta cantidad en Londres? Aunque viviera con la más estricta economía no podría subsistir muchos meses con ella. Es verdad que mi padre me hubiera ayudado pero esta idea no me atraía en absoluto, especialmente después de haber arrojado por la borda de un golpe los frutos de la educación que me había dado. Podía rebajarme a trabajar como músico e intentar encontrar un puesto en una orquesta teatral. Esta idea se me había ocurrido cuando estaba a punto de salir de España, y la distancia de que se convirtiera en realidad la había privado de todas sus dificultades, pero en el momento en que la proximidad de tener que ponerla en práctica le había hecho perder su rosado color romántico, mi amor propio apenas podía soportarla.

Dándome cuenta de que mi ánimo se venía rápidamente por los suelos, y que el abatimiento era el peor de los males, abrí mi cuaderno de notas para buscar la dirección de un caballero que durante una corta visita a España me había ofrecido muy amablemente que, si las circunstancias políticas me llevaban alguna vez a Inglaterra, me pusiera en contacto con él en cuanto llegara. La esperanza de encontrar una buena acogida fue suficiente para deshacer la tristeza de mi soledad.

Afortunadamente este caballero no se había limitado a decirme unas bonitas palabras de urbanidad. Mister John George Children, persona muy conocida en el mundo científico, había visitado el sur de España el verano antes de salir yo de mi país y estando en Sevilla me lo había presentado Lord Holland. En verdad pocas eran las atenciones que pude prestar a Mister Children, pero como lo hice de todo corazón y con evidente sentimiento de no poder hacer más, él lo estimó en mucho. En cuanto regresó a Inglaterra me envió por medio del embajador británico un hermoso obsequio de libros, algunos de los cuales están todavía en mi biblioteca. Por todo esto estaba convencido de que mi carta anunciándole mi llegada sería muy bien recibida.

En aquel tiempo mi amigo residía en Tunbridge Wells, y a esta dirección dirigí mi carta. Pasaron dos días sin tener respuesta, pero al tercero por la mañana Mister Children en persona vino a verme para darme su más cordial bienvenida a Inglaterra. Se había casado en segundas nupcias unas cuantas semanas antes y estaba pasando varios días en Londres con su esposa, a la que me presentó el mismo día. Era una hermosa joven, muy amable y dotada de las mejores cualidades. Comí con ellos aquel día y los dos me insistieron encarecidamente a que volviera siempre que no tuviera ningún otro compromiso. Para que no tuviera ninguna dificultad en hacerlo aunque me invitaran formalmente apenas pasaba un día sin que Mister Children se interesara por conocer si estaba solo en mi alojamiento para que comiera con ellos. En su compañía iba frecuentemente al teatro, conciertos y exposiciones y con ellos participé también de la hospitalidad de sus amigos. En una palabra, me sentí tan mimado por su amabilidad que cuando por vez primera, después de un mes seguido de compromisos sociales, tuve que cenar solo en un café, me sentí muy triste y abatido.

En casa de los Children tuve el honor de conocer a Mister Humphrey Davis, después Sir Humphrey. En aquellos años estaba en la plenitud de su gloria, justamente merecida por su bien ganada fama. Su trato era más agradable que después de haber subido en rango y fortuna. Aunque todos lo cortejaban y aplaudían, él se comportaba con perfecta naturalidad. Su poderosa inteligencia se unía a una florida juventud, un aspecto animado y agradable, y tenía tal atractivo que llegué a considerarlo como un ser superior a todos los que había conocido hasta entonces. Él fue el primer inglés célebre con quien había tratado y tanto la novedad como la verdadera excelencia de esta primicia me hizo estimar más al país que había determinado hacer mío para el futuro.

El número de buenos amigos que conocía con ocasión de estas invitaciones, como sabe muy bien cualquiera que entienda la vida social de Londres, aumentaba de día en día. Pero esta relación constante con la mejor sociedad londinense tenía un lado desagradable: mi creciente percepción de la penosa deficiencia de no poder expresarme satisfactoriamente en la lengua del país. Acostumbrado desde mi infancia a la pronunciación irlandesa, me era muy difícil incluso entender a los reunidos. Cuanto más progresaba en el conocimiento de la lengua, más claramente veía lo inadecuadamente que podía expresar mis pensamientos en inglés. El recogimiento con que había sido educado me había hecho muy sensible a cualquier posibilidad de hacer el ridículo, y como me veía en peligro constante de provocar la risa, bien pronto caí en la costumbre de permanecer callado. Pero como mientras los demás hablaban mi mente seguía activamente el asunto de la conversación, la angustia de tener que callar mis pensamientos me hacía perder todo interés por estas reuniones sociales, aunque la verdad es que sin este constante

127

aguijón no me hubiera dedicado tan intensamente como lo hice al estudio del inglés. Durante muchos años estudié incansablemente la lengua del país y el estímulo que acabo de mencionar me sirvió durante largo tiempo. Aun en el momento en que escribo estas memorias, en que por un lado la costumbre me ha dado suficiente confianza y el paso de los años ha debilitado el amor propio, cuando además la falta de práctica de mi lengua nativa durante tanto tiempo, y la continua exclusión de sus palabras como signos de silencioso pensar me la han hecho prácticamente inútil para hablar y escribir, aun en estos mismos momentos sufro cuando estoy con otros por sentir la inmerecida inseguridad de no encontrarme con la misma facilidad y gracia de expresión que cualquier nativo puede desplegar, aunque sea inferior a mí en otros aspectos.

La abundancia de palabras de escaso significado, la fluencia continua de expresiones que solo sirven para comunicar cualquier pensamiento que pueda surgir en un momento dado, confiere al hablante nativo una superioridad en la conversación que viene a ser muy penosa para un hombre de mi particular condición mental, y más todavía al darse cuenta de la causa accidental de aquella aparente superioridad externa.

Tengo la impresión —en realidad, no lo recuerdo bien— que nunca fui un gran conversador en mi propia lengua. La causa puede ser que, incluso cuando trataba de temas bien conocidos, tenía que repetir el proceso analítico que me había llevado a conocerlos cada vez que escribía o conversaba sobre ellos. Kant dice que la elocuencia consiste en convertir el proceso de comprensión en otro de imaginación. A mí me resulta muy difícil hacer esta transferencia de facultades, y si lo hago se realiza simultáneamente con el acto de pensar. De aquí que mi conversación haya sido siempre laboriosa y con facilidad me lleva al agotamiento. Cuando estoy con una de esas personas que hablan con rapidez siento tan claramente mi incapacidad de intercambiar mis pensamientos con ella, que acabo por dejar de pensar. En estos casos me imagino que soy como un desgraciado insecto al borde del agujero que una hormiga león está haciendo en la arena. El diluvio de palabras que golpea mis oídos me aturde y me confunde.

Firme como he permanecido bajo las más difíciles circunstancias en mi resolución de no volver nunca a España, la única pérdida que la experiencia me haría temer si se pudiera revivir el pasado sería la de mi lengua nativa. Entre los muchos ejemplos que hay en las obras de Shakespeare de sorprendente conocimiento de la naturaleza humana, pocos, si alguno, me han impresionado tanto como el que se encuentra en un pasaje (que probablemente habrán pasado por alto los que no están en mis circunstancias) en que describe la gran desgracia de un hombre desterrado de su país por tener que soportar el hecho de vivir entre los que no entienden su idioma. En *Richard II* (acto I, escena III), Mowbray, duque de Norfolk, al oír la sentencia de destierro de labios del rey, responde:

> Severa por demás es mi sentencia
> y tal, Señor, cual no la esperaría
> de vuestra boca. Si algo he merecido
> de parte de mi Rey, no es la amargura
> de ser así arrojado al ancho mundo.
> El idioma patrio que he aprendido
> más de cuarenta años, me es inútil
> de hoy en adelante. ¿Qué es mi lengua
> ya para mí sino arpa destemplada,
> o instrumento sonoro puesto en manos
> no acostumbradas a pulsar sus cuerdas?
> Con doble cerco habéisla aprisionado
> en mi boca, Señor; y la pesada,
> la estúpida, la estéril ignorancia
> la dais por carcelera. Pasó el tiempo
> de imitar balbuciendo a la nodriza
> y soy ya viejo para tomar ayo.
> Si del nativo aliento, de esta suerte
> me priváis, oh mi Rey, daisme la muerte.

La idea puede estar expresada con alguna exageración, pero la verdad que contiene es cierta, aunque no les pueda parecer evidente a muchos.

Otra causa de sufrimiento que durante algún tiempo frenó mis deseos de reunión con los demás fue el temor de faltar a las reglas de urbanidad que, como se fundan solamente en las costumbres de cada nación, influenciadas, por otro lado, por el cambio constante de la moda, están más allá de toda conjetura razonable y solo se pueden conocer a través de una larga experiencia. El régimen de vida de mi juventud me había privado de las ventajas de las reuniones sociales aun en la forma limitada que España ofrecía hace cuarenta años. Por otro lado yo estaba acostumbrado a ser una figura importante en el grupo de jóvenes que eran mis amigos y al propio tiempo era excesivamente aprensivo de cualquier posible torpeza o mal gusto, lo que me ha llevado con frecuencia a dificultades ridículas. Pensando ahora en mis primeros años en Inglaterra me sorprendo de no haber provocado el desagrado de aquellos a quienes me presentaban, sino que, por el contrario, era tratado y considerado con la mayor amabilidad.

Recibí especiales atenciones de parte de los familiares del general Sir John Moore, que el año antes de mi salida de España había caído gloriosamente en la batalla de La Coruña. Las circunstancias que me llevaron a mi pronta relación con la familia del hermano mayor del general fueron las siguientes. Muy poco antes de dejar España había tenido el gusto de conocer a Mister Gally Knight, que estaba viajando por Andalucía. Este caballero había recibido de Inglaterra un ejemplar de la relación de Mister Moore sobre la campaña de su hermano, y Mister Knight me lo prestó. Leí el libro con gran interés por la sencilla razón de que los informes que la Junta había hecho circular me habían predispuesto contra el general Moore. La evidencia que el libro contenía contra el gobierno español, cuyo egoísmo y falta de principios morales había expuesto a tan capaz y heroico general a la difamación y habían colocado en peligro inminente a todo un ejército, era tan convincente que mis prejuicios contra él se cambiaron en el mayor respeto por su memoria. Me sorprendió también su acertada opinión sobre los problemas españoles, lo mismo que la viva descripción de la situación moral del país que encontraba en sus despachos, y la revelación de las mezquinas intrigas de aquella corporación despreciable, la Junta Central. Me convertí, por tanto, en ardiente admirador de su noble y valiente víctima, porque así era en realidad Sir John Moore. Una de mis primeras gestiones en Londres fue, por tanto, conocer al autor del libro que me había descubierto al infortunado héroe inglés. Sucedió que un amigo de Mister Moore era asiduo visitante de los Hoppner, de forma que al poco tiempo me presentaron a una familia con la que he mantenido desde entonces una ininterrumpida amistad.

Como también había conocido a Lord Holland en España, no pasaron muchos días en Londres sin hacerle una visita. Lady Holland me recibió con cierta frialdad, quizá por las ideas demasiado optimistas que ella y muchos de sus amigos se hacían en aquel tiempo sobre el porvenir de España y según las cuales yo debía haber permanecido en Cádiz. En realidad no recuerdo haberme encontrado durante mucho tiempo con ninguna persona que fuera capaz de comprender mis motivos para abandonar España: nadie parecía creer que la mera aversión a actuar como sacerdote católico me hubiera podido llevar a sacrificar todo lo que tenía y a empezar una vida nueva en un país extranjero. A pesar de todo, desde el momento de mi llegada me invitaron frecuentemente a Holland House y durante los años que siguieron, en dos de los cuales fui residente de la casa, tanto Lord como Lady Holland me dieron las más sinceras muestras de estima y amistad. No tengo palabras para expresar adecuadamente mi afecto y respeto por un caballero tan amable y cordial, a quien todos los que lo conocen no pueden menos de querer, y también aprovecho esta oportunidad para afirmar públicamente lo que muchas veces he manifestado en privado, que Lady Holland tiene tan altas cualidades de inteligencia y corazón que obliga a todos los que la hayan tratado durante tanto tiempo como yo a apreciar altamente su capacidad de conocimiento de las personas, su sincero aprecio del mérito ajeno y la firmeza de su amistad.

La gratitud me obliga a mencionar que Lord John Russell, a quien había conocido en España, donde fue en 1809 en compañía de Lord y Lady Holland, me escribió una carta desde Woburn Abbey dándome una cordial y amistosa bienvenida a Inglaterra. Los distinguidos servicios que aquel entonces joven caballero ha venido prestando a su país desde aquellos años me hacen recordar con agrado las circunstancias de nuestro encuentro en España. Existe un placer misterioso pero real en haber sido testigo de la maduración de una persona buena y capaz desde su primera juventud hasta el pleno desarrollo de sus cualidades, en contemplar el fruto abundante de un árbol que se conoció cuando apenas empezaba a florecer.[25]

Había puesto mis mejores esperanzas de encontrar una manera decente de vida en Inglaterra en mi amistad con Mister Richard Wellesley, a quien había tratado frecuentemente en España, y pensaba que por su medio podría encontrar algún tipo de empleo en el *Foreign Office*. Pero a pesar de sus buenos deseos parece que no tenía mucha influencia con su padre Lord Wellesley. Todo lo que conseguí de Mister Wellesley fue el consejo de publicar un periódico español y su presentación al librero francés Dulau como persona que me podía ayudar en este proyecto. Esta sugerencia vino a ser muy afortunada para mí, aunque en cuanto al éxito final no le debo absolutamente nada a mi consejero. En efecto, mi periódico español me hubiera arruinado completamente de no ser por algunas circunstancias accidentales que impidieron las fatales consecuencias de haberme quedado solo a partir del momento en que me despidieron con mucha educación presentándome a Dulau.

Entre los emigrantes franceses que residían en Londres en el tiempo de mi llegada había un sacerdote llamado Juigné, que se había hecho impresor. Es posible que tuviera algún previo conocimiento de este negocio, porque de otra manera no hubiera conseguido el éxito que tuvo. Dulau me dirigió a este hombre como la persona idónea que no dudaría en aprovechar la oportunidad de publicar un periódico español en Londres. Yo desconocía completamente la importancia que la situación política de España y sus colonias añadían a mis cualidades personales para ser el editor o, para hablar más objetivamente, el único escritor del periódico. Juigné que, como llegué a saber más tarde, era hombre muy astuto y aprovechado, se dio cuenta de mi ignorancia del negocio y me hizo firmar un contrato que lo convertía en copropietario del periódico sin tomar a su cargo ninguno de los gastos que originara. Yo tenía que suministrar cada mes material escrito suficiente para cubrir seis hojas de impresión apretada, y él me haría un anticipo de 15 libras mensuales, préstamo del que tenía yo que responder si el periódico fracasaba.

---

25   A la extraordinaria nobleza de corazón que durante muchos años he admirado en el coronel Fox debo el grato recuerdo de nuestra larga amistad. El coronel Fox estaba con Lord y Lady Holland en Sevilla cuando me presentaron a estos últimos.

Mi amor por la independencia me salvó casi instintivamente de continuar con esta asociación durante todo el tiempo que el aprovechado clérigo lo hubiera considerado conveniente para sus intereses. Yo había hecho incluir la condición expresa de que tendría la libertad de terminar mi trabajo de autor cuando quisiera, pero no conocía suficientemente el valor de estos derechos de autor para procurarme parte de la propiedad de un capital que yo era quien había creado. El contrato estaba redactado de tal manera que yo podía dejar de escribir pero parecía que el impresor retenía los derechos del periódico. Después de haber firmado y entregado debidamente el contrato apenas tuve tiempo de pensar en la pesada carga que me había echado a la espalda y en la falta de adecuada compensación a que me había sometido.

Hasta entonces mi vida había sido tranquila, casi bordeando en la pereza. Escribir y leer había constituido para mí una diversión, nunca una verdadera ocupación, pero de repente me veía en la necesidad de trabajar muchas horas al día en un país extranjero, sin la menor ayuda y con una vaga y acrecentada impresión de responsabilidad. Pero carecía de tiempo para reflexionar. Alquilé una casa desvencijada en Duke Street, en Westminster, uno de esos lugares cerca de Downing Street que han desaparecido totalmente, y empecé a escribir el primer número de *El Español*, del que inmediatamente publiqué un Prospecto. Mi plan era ofrecer hoja y media de trabajos originales y llenar el resto con traducciones de documentos públicos, debates parlamentarios y despachos militares. El trabajo resultó ser muy fatigoso, pero lo más pesado de todo eran las traducciones.

Por otro lado, no podía limitar mis ocupaciones literarias a escribir *El Español*. Por ejemplo, no podía contentarme con el perfeccionamiento del inglés que pudiera conseguir casualmente, y tampoco era capaz de vivir en un país extranjero sin intentar conocer bien su literatura. Sufría también al considerar la inferioridad de mis conocimientos culturales en comparación con las personas de mi misma condición con quienes me encontraba todos los días. Lo único que había conseguido en mi país, a excepción de mi conocimiento profesional de la Teología, que detestaba y despreciaba, era cierta agilidad mental y algunos principios generales de moral y literatura. Había cultivado mi gusto personal con la lectura de los clásicos latinos, franceses e italianos, pero desconocía totalmente el griego, que en Inglaterra forma parte de la educación general. Tenía buenos conocimientos de Metafísica y de los principios generales del buen gusto, pero sabía muy poco de historia y geografía.

Incapaz de ello por naturaleza y tampoco dispuesto a engañarme a mí mismo en cuanto a las lagunas de mi formación, determiné dedicar todos los días cierto tiempo al estudio, además del trabajo de la composición del periódico. Pero después de la fatigosa tarea de escribir venía la corrección de las pruebas para angustiarme y ocuparme más. El abate Juigné no era hombre que dejara pasar por alto cualquier ventaja que pudiera conseguir a costa mía. Confiando en mi ignorancia de las costumbres establecidas entre los impresores ingleses, me enviaba las pruebas tal como salían de las manos de un compositor que no sabía nada de español. La corrección de cada hoja me llevaba de cinco a seis horas. Yo me sobreponía a todas las dificultades y si el periódico solo me hubiera ocasionado esta labor agotadora me hubiera considerado medianamente feliz, pero lo que vino a amargar profundamente a mi alma fue el primer ataque inesperado de calumnia y difamación.

Solo dos números creo que se habían publicado cuando llegaron a Inglaterra las primeras noticias de la rebelión de Hispanoamérica. La honesta alegría que me causó este suceso fue mayor de la que puedan imaginar mis lectores. Honesta lo fue, ciertamente, porque procedía de los motivos más altruistas y desinteresados y mi aprobación del paso que habían dado los hispanoamericanos se basaba en unos principios de cuya verdad no me cabía duda. Durante muchos años había venido detestando toda clase de despotismo político y a su mayor causante, la Iglesia. En mis años de residencia en Madrid me había reunido diariamente con los patriotas, a quienes el alzamiento contra Napoleón daría prominente influencia sobre el país, y en aquellas reuniones habíamos lanzado con todo entusiasmo las más duras invectivas contra estas dos causas de nuestra degradación nacional. Mi deseo de que la libertad de pensamiento se extendiera a todo el mundo no estaba ni limitada ni coloreada por consideraciones políticas de ninguna clase. Conocía bien que las colonias españolas habían sido cruelmente maltratadas por la madre patria y yo deseaba verlas en libertad de gobernarse a sí mismas. No se ocurrió dudar que los sentimientos del partido *filosófico*, con el que había estado unido, coincidirían con los míos personales sobre este particular, sino que, al contrario me halagaba a mí mismo con la idea de que el artículo en el que celebraba la aurora de libertad de nuestros hermanos de allende el océano sería recibido con aplausos por aquellos panegiristas de la filantropía, cuyos discursos me habían llenado siempre de entusiasmo.

A los que han crecido en un país donde ningún hombre público deja de ser perseguido y calumniado, donde la prensa periódica se ha convertido en el órgano establecido de la mala voluntad de los individuos hasta el punto de que casi por regla general el aguijón de la calumnia se ve embotado por su misma rabia, los ataques de los periódicos son poco más que un sonido vacío; y también estoy seguro de que para tales personas los sentimientos de un español *no revolucionado* con respecto al honor tienen que parecer absurdos e infantiles. Pero me atrevo a pedir a mis lectores, si muestran algún interés por mis problemas, que traten de imaginarse a un hombre educado en una ciudad donde la vida de las clases mejores está reglamentada en la mayor parte de las cosas por una especie de ceremonial chino; donde desde el comienzo del uso de razón se le hizo creer que su felicidad o desgracia dependía fundamentalmente del respeto o falta de respeto que la comunidad le mostrara; donde lejos de estar a merced de que cualquiera quisiera tomarse la molestia de escribir un libelo anónimo, tenía la seguridad de que quien no hablara dignamente de la honra de un caballero corría el peligro de perder él mismo esta consideración; que mis lectores se imaginen al escritor de estas memorias como una persona imbuida de estas ideas hasta un grado extremo y entonces podrán entender lo profunda que fue la herida que le causaron los primeros ataques violentos de la prensa española.

Una noche, cuando estaba a punto de ir a la cama a una hora temprana, me trajeron un paquete de Lord Holland. Contenía cierto número de los diminutos periódicos españoles que habían empezado a publicarse y que a pesar de la censura se aprovechaban de la excitación del país más con el propósito de airear rivalidades personales y la mala voluntad de los mismos escritores que para hablar atrevida y honestamente en favor de reformas. Lord Holland, buen conocedor de España, tuvo la amabilidad de acompañar el encargo con una nota con la que intentaba prepararme para el choque que él sabía muy bien que habría de recibir. La nota me alarmó y abrí los periódicos con gran excitación. Conocía a los editores de un par de ellos y creía que eran amigos míos, pero la manera injusta e insolente con que me trataban me fue doblemente penosa, porque los hubiera creído dispuestos a haber salido en mi defensa en cualquier ocasión. Durante un buen rato estuve sin saber qué hacer, en el mayor estado de desolación. Pero creo que he dicho bastante. Pudiera parecer innecesario haber hablado tanto de algo que solo me puede interesar a mí mismo y que en el momento actual solo sirve para recordar uno de los muchos conflictos interiores y cursos de disciplina moral por los cuales he tenido que pasar, pero, como pocos hechos de mi vida han influido más en mí que el primer periódico español que empecé a publicar en este país, me siento inclinado a contar toda la historia del mismo, que duró desde la primavera de 1810 hasta cerca de la misma estación en 1815, añadiendo previamente algunos hechos que lo precedieron.

Ya he contado con qué pobre ayuda empecé a escribir y publicar *El Español*. El principio que como guía política y moral me propuse a mí mismo fue sencillamente «mejorar mi país nativo por medio de una cordial cooperación con Inglaterra». Jamás he podido descubrir el menor átomo de parcialidad o interés personal en lo que se pudiera llamar la política de *El Español*. Yo sabía muy bien que España era incapaz de renovarse sin la ayuda exterior. Había decidido resistir al cambio de dinastía que Napoleón le había impuesto con la prisa y vehemencia de un déspota, y de no ser por Inglaterra, la subyugación de España hubiera sido inevitable. Aceptar la ayuda de Gran Bretaña, dadas las celotipias que habían empezado a desarrollarse a plena fuerza antes de salir yo de España, les parecía a muchos una locura. Me di cuenta de esto tan claramente como anticipé la recaída en su situación anterior en cuanto volviera a manos de Fernando VII. Por tanto, mis deseos eran de que mi patria mejorara lo más posible mientras gozaba de una sombra de libertad, de manera que cuando volviera a caer bajo el dominio de la religión junto al poder despótico de sus reyes, hubiera llegado a adquirir cierta fortaleza moral, que a su debido tiempo la llevara a resistir la doble tiranía de su Iglesia y su gobierno. Además consideraba a los hispanoamericanos como compatriotas míos. Si por cualquier combinación afortunada de circunstancias alcanzaban la libertad, España no solo sobreviviría, sino que recobraría su juventud al otro lado del Atlántico, y ¿quién podría protegerla mejor en sus progresos que Inglaterra?

Estas opiniones mías no eran solo diferentes sino diametralmente opuestas a las del partido *patriótico* de España. Franceses por sus ideas y gustos, castellanos por la vieja estampa de su política, mantenían una abierta hostilidad contra Inglaterra y consideraban a las colonias americanas como su propiedad. ¿Cómo, pues, iban a aceptar un periódico español publicado en Londres y que profesaba los principios que he mencionado? Con respecto a mí mismo, el resultado era que si yo hubiera conocido mejor las negras pasiones de los hombres, lo hubiera previsto todo en cuanto tomé la pluma. En Cádiz casi todo el mundo creía que estaba pagado por el gobierno inglés con el propósito imaginado por ellos de apoderarse de aquella ciudad y de las colonias españolas. La realidad es que mi periódico se publicó durante mucho tiempo sin el menor apoyo del gobierno inglés. Creo que se debió a los buenos oficios de Mister Belgrave Hoppner el que el *Foreign Office* adquiriera cierto número de ejemplares —no recuerdo cuántos— que eran enviados al embajador británico en Cádiz.

Dos partidos distintos hicieron sendos intentos de influir en *El Español*. A causa de mi inexperiencia, el primero quizá hubiera adquirido influencia suficiente como para haberme sido difícil sacudírmelo de encima en cuanto me hubiera dado cuenta de sus verdaderas intenciones. Yo había traído una carta de presentación para un español que dirigía la agencia comercial de la Compañía de las Islas Filipinas, y que, de hecho, era un agente a sueldo del gobierno español. Una de mis primeras visitas en Londres fue precisamente para entregar esta carta. Como ya tenía decidido empezar el periódico le hablé de este proyecto mío y, puesto que todavía no había decidido nada en cuanto a la forma de empezar la publicación, me pidió que aceptara una ayuda de 50 libras e incluso me prometió más dinero, que yo podía devolver en cuanto lo permitieran las ventas. Tanta generosidad me infundió alguna sospecha, de la que debería haberme avergonzado, pero lo que sucedió después vino a mostrar que mis sospechas no carecían de fundamento.

Sucedió por aquel tiempo que el coronel [don Juan] Murphy, español de origen irlandés, que había conocido ligeramente en Madrid, al enterarse de que estaba en Londres me invitó a su casa. Él era también buen aficionado a la música y al enterarse de que tocaba el violín aceptablemente me invitó a que me uniera a un cuarteto que se reunía todas las semanas en su casa en el ambiente más agradable y selecto que se podía esperar. Nuestro director era un profesor de música de Ginebra, Mister Sheener, admirable conocedor de la música para cuartetos. No admitíamos a ningún oyente en nuestras conciertos porque éramos incapaces de soportar el más leve murmullo. Solo los iniciados en los misterios de la música pueden hacerse idea de la exquisitez de nuestro entretenimiento. Mi amigo Murphy estaba entonces en el apogeo de su prosperidad comercial porque, además de la graduación española de coronel, era socio de la firma Gordon and Murphy, establecimiento que durante la guerra con España había obtenido ganancias considerables por medio de un contrato con el gobierno español en el que tenía parte el gabinete inglés. El objeto del contrato era una determinada cantidad de plata de las minas de México. El coronel Murphy, que aun en medio de las desgracias que han ensombrecido la última parte de su vida, ha seguido siendo un hombre amable y generoso, era todo amistad y hospitalidad en su época de prosperidad. Se tomó mucho interés por mis proyectos y al enterarse del ofrecimiento que me había hecho el agente español me abrió los ojos en cuanto a su probable intención y consecuencias. Yo no había hecho uso de las 50 libras, que consideraba como un préstamo para un fin determinado, y, consiguientemente, no tuve la menor dificultad en devolver el mismo cheque que había recibido unos cuantos días antes, dándole las gracias a quien me lo había prestado e informándole del contrato que había firmado con Juigné. El evidente enfado o, tal vez mejor, la rabia con que recibieron el dinero demostró claramente que había causado una gran contrariedad y que la junta hubiera comprado el control de mi periódico a un precio mucho mayor.

El segundo intento fue más directo y tuvo lugar después de que *El Español* hubo ganado considerable influencia en España. Una persona completamente desconocida para mí —y cuya carta todavía conservo— me escribió poco tiempo después de que la Junta Central se viera obligada a anunciar su determinación de resignar las funciones del gobierno en una Regencia. Esta persona quería ganarme para la causa de la reina viuda de Portugal, hermana de Fernando, que pretendía ser regente de España con el propósito de conseguir la eventual unión de las dos coronas en uno de sus hijos. En la carta me hacía un pedido de varios ejemplares del último número del periódico e incluía un billete de 20 libras como pago de ellos. Devolví el billete comunicándole a mi desconocido corresponsal que no estaba dispuesto a poner mi pluma al servicio de nadie. Pero la persona que me había escrito era uno de esos españoles cuya rudeza de educación y sentimientos (a lo que le dan el equivocado nombre de *franqueza*) hace muy difícil de tratar, a no ser que uno se muestre tan rudo y basto como ellos. Como yo le había respondido con más cortesía que se merecía, se atrevió a escribirme una segunda carta en la que expresaba su convencimiento de que mi negativa se debía a no haber considerado suficiente la cantidad ofrecida. Yo le dejé que pensara lo que quisiera y no me molesté en contestarle más.

La animosidad que *El Español* había suscitado contra mí se vio acrecentada por un suceso que dejará una perpetua mancha en las personas que formaban la llamada Junta de Cádiz, es decir, la corporación encargada del gobierno de aquella ciudad cuando se alzó contra los franceses. Los miembros de la Junta eran en su mayor parte comerciantes en quienes a la ignorancia común del país se unía el atrevimiento y soberbia que no podía menos de producir su superior riqueza y el deseo de utilizar el poder para establecer un monopolio más lucrativo sobre las colonias. El duque de Alburquerque había sido el salvador de la ciudad, sin ningún género de dudas. Puede ser que el movimiento militar con el que se anticipó a los franceses en la ocupación de aquel puerto fuera más bien resultado de la casualidad que de un plan bien concebido. Alburquerque, como todos los Grandes de España, tenía poco que agradecerle a la educación recibida y no mucho más a la naturaleza, salvo su valor personal y cierta agilidad de espíritu para darse cuenta de las cosas. Seguramente se puede decir de él que era el mejor dotado de los generales españoles que se habían alzado contra los franceses. Pero aunque parezca extraño, el servicio que hizo al país al reforzar militarmente la ciudad de Cádiz, fue la ocasión de que la Junta local concibiera violentos sentimientos de envidia contra él, quizá por el temor de que la popularidad del general disminuyera su poder e influencia. Pocos días llevaba en Cádiz cuando fue insultado públicamente por la Junta, que menospreció el mérito de su retirada militar, se opuso francamente a su autoridad y reclamó para sí todo el mérito de que Cádiz no hubiera caído en poder del enemigo. Alburquerque se sintió lógicamente muy ofendido y en esta situación estaba cuando inmediatamente después de la formación del llamado gobierno del país sus enemigos consiguieron despacharlo a Inglaterra como embajador. Al poco tiempo de llegar a Londres me lo presentó el coronel Murphy y en casa de este último me encontré muchas veces con él en las cenas que ofrecía a los amigos. El duque seguía preocupado por lo que en la fraseología del país se expresa como la necesidad de *vindicar el honor*, y para ello estaba ocupado en la composición de una Relación de sus servicios al país y de las calumnias levantadas por la Junta de Cádiz contra su persona. Me pidió ayuda y yo me dediqué a preparar el manuscrito para la imprenta. Este compromiso era completamente desinteresado: de acuerdo con las ideas que había traído de España, la mención de pago, aun en labios de un duque, era intolerable para el amor propio de un escritor. Ciertamente me invitó a que lo tratara como amigo y a no ser que esto fuera bastante para recompensar mi vanidad, ni recibí ni esperé la menor remuneración.

Sin embargo, la tarea a que me había comprometido era bastante pesada. Alburquerque apenas era capaz de escribir una sencilla composición en su propia lengua y a pesar de ello ambicionaba honores literarios y quería conservar lo más posible del escrito original, de manera que pudiera gozar del título de autor de una obra impresa. Yo, por mi parte, no estaba menos deseoso de limitarme a ser un mero corrector. Como soy muy sensible con respecto a mi propia reputación, también he sentido siempre a lo largo de mi vida un gran respeto por la de los demás. En la relación de mi noble amigo se acusaba severamente a un buen número de personas, y ya que no tenía la menor autoridad sobre los violentos sentimientos del duque, al menos quería librarme de la responsabilidad moral que recaía sobre el autor de tales acusaciones. Como el duque era incapaz de empezar su narración de una manera digna, escribí personalmente los párrafos de la introducción. Mis correcciones sobre el resto estaban tan a favor de la moderación que, ante mi petición encarecida, fue cancelado un violento ataque contra la reputación de dos generales españoles que el duque había enviado directamente al impresor y que había sido insertado sin mi conocimiento. Le rogué que dejara abierto el camino de la reconciliación y que perdonara a sus compañeros de armas. Prestó atención a mis observaciones y yo personalmente llevé la orden al impresor para que omitiera aquel peligroso pasaje.

Poco más de seis semanas habían pasado desde la publicación de la *Exposición* cuando al atardecer de cierto día el duque me llamó en gran estado de agitación, para enseñarme la respuesta escrita que había publicado la Junta de Cádiz. El tono del panfleto era muy violento y teniendo en cuenta las costumbres nacionales de cortesía que habían prevalecido hasta entonces, demostraba la actitud abiertamente ofensiva de una parte de los miembros de la corporación que la había publicado. La Junta de Cádiz se imaginaba que yo era el verdadero autor del panfleto del duque, y como el estilo de la introducción demostraba la pericia de un escritor más experimentado que los que el duque podía procurarse entre los otros españoles residentes en Londres, la sospecha se convirtió en certeza. Arrastrada por los sentimientos de hostilidad que había levantado mi declaración en favor de las Colonias, la Junta no consideró degradante para su dignidad nombrarme como el verdadero autor de un escrito que había lastimado su orgullo.

El estado del duque durante su conversación conmigo solo pueden imaginárselo los que han comprobado los efectos del orgullo herido en las personas de su clase social. Halagados y mimados desde la infancia por sus criados, sin la fortaleza que da el cultivo del espíritu, inexpertos en el mundo salvo en lo que respecta a sus placeres e imbuidos de las ideas más extravagantes sobre el respeto debido a su rango, conservan durante toda la vida la irritabilidad de los niños mimados. El éxito parcial de Alburquerque como general había contribuido en gran manera a intensificar estos morbosos sentimientos. Verse insultado públicamente por una Junta compuesta por comerciantes, leer la palabra *traidor* dirigida a él en un documento oficial, era peor que si un horrible escorpión le hubiera picado en el corazón. En vano intenté convencerlo de que su dignidad requería que respondiera al insulto con el desprecio: estaba totalmente sordo a cualquier consejo. Me dijo que había decidido contestar él mismo al libelo y todo lo que me pedía era que revisara las pruebas de lo que estaba escribiendo. Le prometí volver a verlo en cuanto me dijera que el manuscrito estaba terminado. Dos días pasaron sin noticias del duque, y al final del segundo día un criado me trajo una petición escrita para que fuera a desayunar con él a la mañana siguiente. Le contesté que no faltaría. Tres horas después me volvieron a traer otra nota urgiendo la invitación, a la que volví a responder comprometiéndome a estar con el duque a las nueve.

Llegó la mañana y a la hora fijada estaba en el Hotel Clarendon. En la habitación principal, que tenía un amplio balcón sobre Bond Street, estaba preparada la mesa con el desayuno. El duque salió de su habitación que daba directamente a la sala principal. Pero ¡qué cambio se había obrado en el aspecto del infortunado! Difícilmente podía haberlo afectado más una enfermedad de muchos años. Me dio cordialmente la mano pero cada palabra que decía mostraba la profunda agitación de su espíritu. Después de cerrar la puerta de la escalera sacó un montón de papeles. Me dijo que no había dejado de escribir desde la tarde en que me había llamado, y me aseguró (y esto me lo confirmó más tarde su ayuda de campo) que no había comido ni dormido durante todo este tiempo. Viéndolo en tan lastimoso estado le pedí que descansara un poco antes de examinar los papeles. El tono excitado de su respuesta me hizo creer que estaba como delirando y empecé a sentir miedo por mí mismo, pero le contesté con firmeza y amabilidad. El duque rompió entonces a llorar como un niño, pero pocos minutos después la macilenta expresión de su rostro mostró claramente la vuelta de otro paroxismo. Se fue corriendo al cuarto interior cerrando la puerta violentamente. Aproveché la ocasión para abrir la puerta de la escalera, tocar la campanilla y llamar al ayuda de campo del duque, que llegó antes de que éste reapareciera y tuvo tiempo para informarme del estado de agitación constante en que lo había visto durante las últimas cuarenta y ocho horas. El duque apareció esta vez con un pedazo de papel en la mano en el que estaba escrito el pasaje más ofensivo del libelo de Cádiz, aquél en que lo llamaban *traidor*. Lo leyó con voz convulsiva y levantándose de repente presa de gran furia salió corriendo en dirección al balcón como para arrojarse de cabeza a la calle. El ayuda de campo pudo sujetarlo a tiempo y lo trajo hasta el cuarto. Pasaron unos cuantos minutos de silencio y al verme junto a él exclamó: «Tengo que matar a Blanco», e intentó librarse del ayuda de campo que lo seguía sujetando. Esta reacción inesperada en medio de una escena tan dramática me afectó profundamente. Sin embargo apenas había dicho el duque estas palabras cuando cayó de rodillas hecho un mar de lágrimas. Su ayudante lloraba también como un niño, y aunque, como todos los naturales de las regiones cálidas, yo también soy propenso a las lágrimas, mis emociones eran demasiado grandes como para salir fácilmente al exterior. Volví a hacer sonar la campanilla y dije que era necesario que mandaran a por un médico. Este llegó pronto y llevaron al duque a su cámara. Yo salí de la casa en una situación de dolor difícil de describir. Dos días más tarde el infortunado Alburquerque moría de una inflamación cerebral.

No recuerdo bien si fue antes o después de la muerte del duque cuando la violencia partidista contra mí empezó a mostrarse bajo la forma de cartas amenazadoras. Me había ido a vivir durante los meses del verano a Bayswater (entonces separada del final de Oxford Street por el campo abierto) y acostumbraba a retirarme de la ciudad entre las once y doce de la noche. El miedo constante de ser apuñalado para robarle a uno el reloj o la bolsa, que más o menos sienten todos los que andan solos de noche por las calles españolas, había desaparecido al llegar a Inglaterra y gozaba de un sentimiento de seguridad que desgraciadamente un mejor conocimiento de este país me ha hecho después rectificar. De todas formas fue muy desagradable tener que poner fin a este agradable engaño por miedo al peligro de un cuchillo español a tanta distancia de España. Dos cartas, una en forma de aviso amistoso y otra con los arrebatos típicos de la más auténtica rabia española, me obligaron a comprar un par de pistolas de bolsillo y a tenerlas preparadas cuando cruzaba el campo solitario que se extendía por espacio de media milla por la parte de Londres donde tenía mi morada.

Durante muchos años seguí en la duda de si las cartas habían pretendido solo intimidarme y asustarme, pero cuando mi querido amigo Lista vino de Francia a Inglaterra con la única intención de visitarme en Oxford, me informó que el autor de una de ellas había sido un íntimo amigo suyo, un tal Isidoro Gutiérrez, que murió hace algunos años. Había sido admitido en una de las sociedades secretas culpables de la mayor parte de los males que estropearon el gobierno de las primeras Cortes españolas, y había estado presente en un debate en el que se había resuelto buscar la manera de asesinarme. Gutiérrez fue lo suficientemente generoso como para exponerse a ser descubierto como traidor a los secretos de la sociedad con el fin de ponerme en guardia. Mi relación con él había sido tan superficial y poco frecuente que cuando recibí su carta no fui capaz de recordar quién me la escribía y hasta que Lista no me habló de ello estuve dudando de su autenticidad.

A los que por aquellos años de la revolución española tenían la más alta idea del espíritu público español no dejará de parecer extraño que las Cortes fueran capaces de permitir en una de sus sesiones un violento ataque contra un individuo que no podía defenderse, y de que no hubiera entre los diputados ninguno con valor suficiente y rectos sentimientos para pronunciar una palabra en favor de un hombre que muchos de ellos conocían muy bien. Lo que voy a contar a continuación prueba que Napoleón no estaba mal informado cuando calificó a las Cortes españolas de despreciable chusma.

Ya he dicho que la animosidad que se levantó en Cádiz en contra mía se debió a mi defensa del derecho de las colonias españolas a una perfecta igualdad con la madre patria. Aún en estos momentos, en que se ha perdido toda esperanza de reconquistar los dominios hispanoamericanos, no se ha extinguido del todo el espíritu del tiempo de las conquistas de México y Perú, y en los años en que las colonias empezaron a sacudirse su yugo, el orgullo de la conquista estaba tan alto en España como en pleno siglo XVI. Desde aquel tiempo los españoles habían vivido en la más profunda ignorancia del curso de los asuntos humanos en el resto del mundo y por esta razón los prejuicios que habían heredado las sucesivas generaciones seguían tan fuertes como en los tiempos de Cortés y Pizarro. El orgullo español se había acrecentado a consecuencia de los sentimientos que el sistema colonial español había fomentado en el espíritu de los colonos. Los americanos descendientes de españoles son naturalmente despiertos e inteligentes, pero les suele faltar principios morales y firmeza de carácter. Criados en un clima que invita al pleno disfrute de los placeres sensuales y sometidos a un gobierno que obstaculiza todo medio de cultivar las virtudes varoniles, las mejores clases de la sociedad hispanoamericana son superficiales y blandengues, en tanto que las clases más bajas están hundidas en el más craso libertinaje. La superstición fomentada por el clero es más vulgar y corruptora que en cualquier otro país católico y la conducta de los clérigos, especialmente la de los frailes, es escandalosa. Si hay un defecto característico de todas las clases sociales es sin duda la habitual despreocupación por las obligaciones morales. Sería inútil tratar de persuadir a las mejores clases de Hispanoamérica que los deberes morales se extienden a la política y al gobierno: son incapaces de creer (y en esto hay que incluir a un buen número de españoles) que el peculado y la aceptación de sobornos son males morales.

Como han crecido bajo gobiernos que actuaban para su propio provecho a expensas de la nación, no tienen más remedio que sacar la consecuencia de que quien está relacionado de cualquier forma con la autoridad puede seguir sin más las mismas normas de actuación. La veracidad y el honor son palabras que salen frecuentemente de los labios de los que reclaman para sí el título de *caballeros*, pero en un país donde la única manera de escapar de la persecución es el disimulo de las propias ideas, las virtudes de las que tan frecuentemente se habla no son más que nombres vacíos. Estoy lejos de acusar a individuos determinados de estas faltas, y no hay duda que se pueden encontrar personas honorables en las situaciones más corrompidas de la sociedad, pero una descripción general no puede estar basada en excepciones.

Había un sacerdote entre los diputados hispanoamericanos a quien sus compañeros odiaban cordialmente: creo que su nombre era Pérez de la Puebla. Era uno de estos hombres que saben disfrutar liberalmente de todo lo que le está prohibido a la profesión clerical, pero que sin embargo se salvan de cualquier reproche por la estricta ortodoxia de sus doctrinas. Pérez se había traído a su concubina desde América, vivía con ella en Cádiz y se la volvió a llevar cuando fue a tomar posesión de su obispado en Puebla de los Ángeles. Pero era completamente ortodoxo y sobre todo, lo que todas las Iglesias aprecian más, era un hombre *seguro*, es decir, uno que conocía y defendía los intereses del clero. Como desde el momento que se sentó en las Cortes, Pérez se había propuesto el objetivo de conseguir una mitra, tuvo buen cuidado en no adoptar las mismas opiniones liberales de sus hermanos diputados de América. Estos, por su parte, eran tan libertinos y sin principios como el mismo sacerdote, pero votaban y actuaban constantemente del lado de los reformadores, menos cuando había alguien que les ofreciera dinero.

Mi periódico había alcanzado tal influencia que sus rivales españoles de las colonias consideraron conveniente ponerle fin si fuera posible asesinando a su autor. Podía haberse esperado que los hispanoamericanos, por cuyo bienestar había incurrido yo gratuitamente en tanto odio, me tratarían dignamente. Pero la verdad es que ellos estaban tan lejos de conocer el respeto debido a las cortes y a ellos mismos (para no mencionar el que me era debido a mí) que para engañar al sacerdote Pérez no dudaron en calumniarme y en intentar destruir el crédito de mi obra exactamente en la forma más grata y conveniente a los enemigos de su propio país.

Con tal motivo uno de los diputados sudamericanos, con el consentimiento de los demás, escribió una carta utilizando el nombre de Pérez como presidente de un supuesto comité de la Diputación Transatlántica. La carta falsificada mostraba su agradecimiento por la forma liberal en que había defendido yo la causa de las colonias, se quejaba de la injusticia con que trataban sus reclamaciones y se me dejaba en libertad de reproducir la carta. Para eliminar cualquier sospecha los autores del engaño se dirigieron al conde Palmela, entonces embajador portugués en España, rogándole que hiciera seguir la carta al embajador portugués en Londres.[26] Dadas todas estas circunstancias creí conveniente acusar recibo de la carta y la publiqué en el número siguiente del periódico. Los diputados americanos habían conseguido llevarme al terreno que querían ellos y sus amigos. Pérez subió a la tribuna furioso para acusarme como autor de la falsificación, en tanto que (como me informó un diputado español que estaba en contacto con los sudamericanos) éstos se reían por lo bajo y entonaban con el mayor entusiasmo el murmullo de *Adiós a la mitra*.

Se podía haber esperado que en una asamblea donde muchos de sus miembros me habían conocido íntimamente durante tanto tiempo, se hubiera levantado alguno para pedir que no se me acusara tan rápidamente de este improbable crimen, y para haber afirmado algo tan evidente como que ningún hombre en recto uso de sus sentidos se hubiera expuesto tan estúpidamente a un descubrimiento inmediato, del que no podía sacar la menor utilidad, y que en cualquier caso no se puede condenar a una persona sin escucharla antes. Pero en vez de este lógico razonamiento parece que varios diputados aprovecharon la oportunidad para injuriarme. [Juan Nicasio] Ga-

---

26 El conde Palmela, a quien conocí muchos años después en Holland House, aprovechó la oportunidad para darme una explicación por la forma en que había sido instrumento inconsciente del engaño que tramaron contra mí los sudamericanos.

llego, un sacerdote con quien tanto en Madrid como en Sevilla había vivido en términos de gran amistad, habló tan duramente contra mí, que llegó a decir que sentía haberme dado el nombre de amigo.

En cuanto los periódicos españoles me dieron a conocer lo que había sucedido en las Cortes hice imprimir un facsímil de la carta atribuida a Pérez y lo inserté en el número siguiente de *El Español* con una relación de todo lo sucedido. Imploré a las Cortes que me hicieran justicia, apelación que no hubiera sido desoída en cualquier país donde la opinión pública fuera sensible a los sentimientos de la justicia, pero no lo fue en las Cortes españolas. Mi nombre había sido registrado con infamia en las Actas de las Cortes y no hubo ningún diputado que se tomara la molestia de pronunciar unas palabras que hubieran sido también registradas como explicación de una afirmación errónea y gratuita y que fueran como una revocación de la mancha que inmerecidamente habían arrojado sobre mi buen nombre. Los diarios de las Cortes españoles legarán mi nombre a la posteridad como el de un convicto falsificador sin haberme dado la menor oportunidad de ofrecer algo al lector que pueda hacerle concebir dudas sobre la objetividad de la acusación. En un país donde prevalece tal indiferencia a la justicia, donde el supremo consejo de la nación no se da cuenta que su propia desgracia se originará de actos como el que he contado, no es sorprendente que no llegue a prosperar la verdadera libertad.

La publicación de *El Español* continuó hasta la total expulsión de las tropas francesas de la península y la vuelta de Fernando VII. No me es posible contar todo lo que sufrí durante los cinco años de su publicación. Mi salud quedó tan quebrantada que desde entonces la vida no ha sido para mí más que una fuente inagotable de padecimientos.

Después de todo lo que he dicho sobre mi periódico, quiero también dar a conocer la recompensa que he recibido de este generoso y munificente país en consideración a mis servicios. No soy yo el más indicado para valorarlos; todo lo que puedo decir es que trabajé con gran celo, a pesar de mis muchos sufrimientos físicos y morales. Me limitaré a contar cómo me concedieron una pensión anual de 250 libras, que ha sido la principal ayuda recibida en medio de mis enfermedades y el medio que me ha permitido educar a mi hijo y situarlo donde tengo la satisfacción de saber que por su celo y honorable conducta como oficial no solo recompensa las penas y sacrificios que me ha costado, sino que paga gran parte de mi deuda de gratitud para con un país a quien debo más que a aquél donde nací y me eduqué.²⁷ ¡Dios bendiga a Inglaterra, mi tierra de adopción y el país de mis más cálidos afectos! Pero sigamos adelante.

Mi periódico había influido extraordinariamente durante cerca de dos años en la mejor parte del público español. Sir Henry Wellesley, embajador británico en Cádiz, se veía asediado por gente que le pedía ejemplares de *El Español* cada vez que llegaba el paquebote con ellos. De esta manera había sido testigo imparcial del servicio que el periódico hizo a la causa común de España e Inglaterra. Tengo buenas razones para creer que el gobierno inglés había recibido frecuentes informaciones sobre los buenos efectos de *El Español* en la orientación de la opinión pública y en la remoción de los prejuicios que el numeroso y activo partido antibritánico no dejaba de promover y mantener. Un diputado de las Cortes llamado [Andrés Avelino de la] Vega, a quien yo había conocido en Londres, donde la Junta de Asturias lo había mandado al comienzo de la guerra, era ahora miembro de las Cortes de Cádiz, en las que defendía los mismos puntos de vista que *El Español* intentaba comunicar a los españoles. Como Vega era un hombre muy influyente en Cádiz, el coronel Murphy, que lo conocía muy bien, me aconsejó que le escribiera informándole de la inseguridad de los ingresos con que atendía a mi subsistencia, y pidiéndole que mencionara mis circunstancias al embajador británico, que era la persona más cualificada para estimar el valor de mis servicios. El primer paquebote que vino de Cádiz trajo la recomendación de Sir Henry Wellesley exponiendo mi caso al gobierno inglés. Mister [William] Hamilton, subsecretario del *Foreign Office*, que cuando lo conocí por vez primera había sido muy amable conmigo, me escribió informándome que iba a recibir una pensión anual de 125 libras y me rogaba que me pasara a recoger la primera cantidad. En otra ocasión, hace ya muchos años, había recibido del *Foreign Office* algunos encargos bastante laboriosos en forma de traducciones, pero esto solo sucedió dos o tres veces.

Como he dependido durante muchos años de esta pensión del gobierno inglés, se podría sospechar que al menos durante la publicación de *El Es-*

---

27   Actualmente el Mayor White del 4. Regimiento.

pañol habría recibido instrucciones o al menos indicaciones que influyeran en mi periódico. Tengo que declarar que tuve siempre completa libertad. Concebí y manifesté mis opiniones como mejor podía, intentado servir con honradez la causa de la libertad y el humanismo, sin ceder ante ninguna influencia que no fuera la de una filosofía o experiencia política superior. Lord Holland y su íntimo amigo Mister [John] Allen eran como mis maestros en esta importante y complicada rama de la ciencia. Como sabía de su profundo conocimiento de la historia y literatura de España, con no pequeña emoción les pedía su opinión con respecto al próximo número del periódico. Puesto que escribía a tanta distancia del público a quien dirigía mis trabajos, estaba muy contento de tener a mi lado a dos jueces y consejeros tan capacitados. Su aprobación era mi mejor recompensa y sus observaciones los mejores medios que tenía de perfeccionarme en mi tarea. Si Lord Holland no hubiera estado en la oposición durante todo el tiempo de mi periódico, podría sospecharse de la pureza de intención en sus deferencias para conmigo, pero tengo la satisfacción de estar completamente seguro, y así me lo dice todavía mi conciencia a pesar de los años que han pasado desde entonces, de que al tomar a Lord Holland y a Mister Allen por mis mentores políticos no había nada que torciera mi juicio, de no ser que haya dado demasiado peso a la amistad y al afecto.

Para concluir todo lo que creo justo y necesario decir con respecto a mi pensión, declaro que en ninguna ocasión ninguna de las personas de las cuales ha dependido en distintos momentos la continuación de esta ayuda han intentado ejercer ninguna influencia sobre mí. No me dijeron ni una palabra cuando empecé aquella controversia con los católicos aunque Mister [George] Canning estaba entonces al frente del *Foreign Office*. Para crédito de todas las partes interesadas debo decir que he estado tan libre de influencias como si mi principal medio de subsistencia hubiera sido una propiedad heredada.

También quiero pagar una deuda de gratitud que tengo con Mister Hamilton, que durante el ministerio de Lord Castlereagh me ofreció en nombre de Su Señoría el puesto de capellán en la embajada inglesa de Brasil. El estado de mi salud me obligó a declinar el ofrecimiento.

Capítulo V. Narración de su vida en Inglaterra (1814-1826)

Mi tarea de escribir artículos originales, traducir documentos y corregir las pruebas [de *El Español*] me había ocupado por término medio unas seis horas diarias, pero aunque mi salud se deterioraba rápidamente no podía dejar de atender al mismo tiempo a mi formación intelectual. No llevaba muchos meses en Inglaterra cuando me di cuenta de que para adecuarme al nivel cultural del país tenía que conocer el griego. En mi juventud había tomado algunas lecciones de un sacerdote irlandés que estudiaba Teología por aquel tiempo en Sevilla, pero como en mi país no había nada que estimulara este curso de estudios lo abandoné antes de haberme familiarizado con el alfabeto. Recuerdo bien que no era capaz de distinguir la de la.

Sin embargo la preocupación que me causó mi ignorancia de esta lengua hubiera llegado a desaparecer de no ser por una de esas circunstancias aparentemente banales que a veces deciden nuestro futuro. Mi deseo de perfeccionar el inglés hacía que tuviera constantemente en mis manos las obras de los clásicos ingleses. En una ocasión en que leía el *Spectator* me fijé en un ensayo sobre *el empleo del tiempo*. Me llamó poderosamente la atención su observación de que el empleo ininterrumpido de un cuarto de hora diario para adquirir un conocimiento determinado no podía menos de recompensar la perseverancia del estudiante en poco tiempo. Desde este momento me decidí a emplear el cuarto de hora diario para aprender los rudimentos de la gramática griega. Pedí prestado un ejemplar de la Gramática de Westminster y puse manos a la obra aquella misma tarde. La tarea fue realmente muy difícil porque cuando empezaba mi cuarto de hora de griego venía agotado de trabajar en *El Español*. Para aliviar un poco la dura tarea de memorizar las declinaciones me procuré una *Clavis Homerica*, que me hizo este estudio algo más agradable. También cambiaba frecuentemente de texto de gramática, escogiendo para el estudio de cada parte de ella el que la expusiera de forma más comprensible. De esta manera aprendí los nombres en una gramática, los verbos en otra y las preposiciones en otra distinta.

Como me daba cuenta de mis progresos, no dejaba de estar atento a los anuncios de libros griegos que aparecían en los diarios. A veces me engañaron títulos prometedores, pero la curiosidad que me suscitaban todos estos libros aliviaba el tedio del estudio y alentaba mi perseverancia. Especialmente recuerdo como muy útiles las *Collectanea* de Dazel y la *Gramática* de Moore. Poco a poco fui alargando aquel primitivo cuarto de hora que dedicaba al griego y al cabo de cuatro años, es decir, por el tiempo en que terminé la publicación de *El Español*, me había leído la Ilíada, la Odisea, Herodoto, todos los extractos de Dazel y alguna de las Vidas de Plutarco. Me ayudaba de traducciones, que venían a ser como mis maestros, y yo recomendaría este mismo método a cualquier persona adulta que quiera aprender una lengua extranjera por sí mismo. Mí perseverancia ha sido tan grande que a lo largo de veinte años muy pocas veces dejé mi estudio diario del griego. Puedo decir incluso que nunca lo he dejado completamente porque raro es el día que no leo a los clásicos de esta lengua. De esta manera, por mi esfuerzo personal y sin ayuda de un maestro he llegado a ser no un eminente helenista pero sí un estudiante que conoce bien la estructura de esta lengua y las mejores obras de sus clásicos tanto en verso como en prosa.

El estudio de la religión cristiana vino a ser también una ocupación casi diaria por este mismo tiempo. En mis libros anteriores he contado con tanto detalle mi historia espiritual y religiosa que poco diré aquí a este respecto. Muchas han sido en verdad las pruebas y sufrimientos que he tenido que soportar en nombre de la religión. Mis problemas intelectuales, mis luchas espirituales, mis vacilaciones, incluso mis propias caídas temporales, todo ha sido descrito detalladamente en mis diarios privados. No quiero que quede oculto nada de lo que se refiere a mi historia espiritual si puedo contar con la certeza moral que los hechos revelados no serán mal entendidos. Sin embargo mi conocimiento de la humanidad me dice que hay muy pocas personas, muy pocas en verdad, cuyos prejuicios religiosos no las llevarán a sacar falsas conclusiones sobre mi idea de un cristianismo intelectual.

No conozco ningún otro peligro más grave y universal que la costumbre establecida de sacar conclusiones por los demás y afirmar que si se duda o se niegan algunos puntos de los sistemas comunes de teología, hay que dudar o negar las verdades fundamentales del cristianismo. Esto no sucedería si los hombres pudieran manifestar sus ideas y sentimientos sobre la religión tan libremente como sobre otros asuntos, pero en el actual estado de cosas cada persona conoce su propio espíritu. De aquí se deriva una triste estrechez de ideas, poco distinta de la de los católicos, de aquí esa intolerancia escolástica que no admite conclusiones a no ser que se deriven de las premisas establecidas.

Por lo que respecta a mí mismo, si no estuviera en entredicho mi personalidad intelectual, no me importaría escandalizar a las personas que fuesen, incluso arriesgando mi buena fama póstuma. Pero me considero (humildemente, según confío) como uno a quien la Providencia ha encargado una misión especial, la de dar testimonio de ciertas experiencias espirituales ante aquéllos que puedan leer mis escritos. Muchos no creen tener necesidad de mis pruebas sobre las tendencias malignas del catolicismo, porque están convencidos de que todas las formas del cristianismo son falsas y perversas; y por otro lado los que creen en el Evangelio no tienen necesidad de más razones para seguir firmes en su fe, ya proceda esta firmeza de espíritu de partido o de un vivo y sincero convencimiento. Pero sé de algunos casos en que mis razones, mi experiencia y mi ejemplo han ayudado a algunas personas a liberarse del papismo o de la irreligión. Sin embargo estoy seguro de que mis convertidos no van a ser ocasión de triunfo para ningún partido. No hay en mis escritos ni una partícula de lo que pueda producir en mí o comunicar a los demás un proselitismo ciego. En verdad que he intentado atrapar la chispa del entusiasmo religioso que salía de aquellas personas a quienes he querido sinceramente, pero mis esfuerzos han sido vanos. Lo que aquellos queridos amigos reprobaban en mí como *orgullo intelectual* no puede desaparecer más que conmigo mismo. Esta característica es evidente en todos mis escritos: tengo que *venir y ver*, y los que puedan beneficiarse de mi experiencia han de poseer esta misma disposición natural. Sin embargo estoy convencido de que esta fidelidad inquebrantable a la luz que hay en nosotros no tiene nada que ver con el orgullo. No tengo ningún motivo para dudar que estoy y siempre he estado dispuesto a seguir a la Verdad sin parar en pérdidas, peligros, honor o deshonor, pero como la Verdad nunca se me ha aparecido en medio de ese ancho caudal de luz que parece ha sido derramado en abundancia sobre algunos, como la verdad se ha mostrado a los ojos de mi espíritu como una estrella viva pero pequeña y parpadeante en medio de una tormenta, unas veces apareciendo en un momento fugaz con una belleza que arrebataba el corazón, otras entre espesas nubes de manera que si hubiera tenido menos fe hubiera sospechado que la primera visión no había sido más que un engaño; como así ha sido la manifestación de la Verdad a mi espíritu me he sometido a una prueba larga y dolorosa haciéndome el propósito de seguir siempre caminando ya en medio de resplandores, ya en la oscuridad, en la dirección que la luz me ha mostrado.

¿Estaré yo engañado como aquellos que intentan coger un objeto con los ojos vendados? Ciertamente puede suceder que la muerte detenga mi caminar después de haberme desviado considerablemente de la línea recta en que he procurado mantenerme, pero como no me habré separado voluntaria ni deliberadamente, mi error no podrá ser interpretado como negligencia o indiferencia.

Como no puedo creer que sea el único mortal que posea estas cualidades espirituales (no voy a discutir si son virtudes o defectos), y como estoy seguro de que es precisamente para estas personas para las que la Providencia me ha convertido en advertencia, o quizá en guía, quiero con todas mis fuerzas evitar cualquier obstáculo que entorpezca mi destino moral. Deseo sinceramente que mi libertad espiritual no sea mal entendida, que no sea considerada, como la libertad de San Pablo de la ley mosaica, como prueba o señal de apostasía. De una vez para siempre declaro que desde mi encuentro con el cristianismo en Inglaterra, aun en medio de las tribulaciones espirituales más duras, he seguido obedeciendo a los preceptos de Cristo y me he encomendado continuamente a la misericordia de Dios por medio de Él.[28]

---

28 Quiero que se recuerde la ocasión en que expresé estos sentimientos. El pasaje siguiente de la *Vida de Jesús* de Paulus, que leí mucho tiempo después de haber escrito esta parte de mis memorias, coincide tan perfectamente con mis deseos de ser comprendido por espíritus como el mío, que ruego incluyan la traducción que hice de él cuando leí por primera vez la obra de este hombre tan calumniado, pero tan culto, piadoso y altruista: «Las predisposiciones del corazón y la mente de los hombres son muy diversas, pero sin embargo la única tarea que se propone a todos como posible de alcanzar es ésta: una resolución firme de no considerar como convicciones lo que no son más que opiniones, fantasías o ideas sin fundamento, sino ser fieles a las ideas que veamos firmemente probadas según nuestra particular capacidad. Ningún hombre dejará de querer que otros de temperamento y espíritu parecidos al suyo, tanto entre sus contemporáneos como entre los que vendrán después, estén dispuestos a escucharle (si habla con claridad y honestidad) sobre las cosas que estaban flotando confusamente ante los ojos de su espíritu».

Seguiré con mi narración. Tan pronto como me convencí de que el cristianismo no podía ser una impostura, parece que revivieron inmediatamente los tempranos hábitos de mi espíritu con respecto a las doctrinas teológicas. El largo estudio que había hecho de la Teología me libró de la necesidad de tener que leer mucho para informarme de las creencias de la Iglesia anglicana. Después de una residencia en Oxford de cerca de seis años, sumando dos períodos diferentes, estoy convencido de que cuando me adherí a la Iglesia de Inglaterra sabía más teología que la mayor parte de los que eran admitidos a las órdenes. Mis enemigos han hablado sin razón sobre éste lo mismo que sobre muchos otros aspectos de mi vida. Ellos creen que mi cambio fue repentino y sin preparación, y hablan de mí como si fuera un ignorante en los estudios eclesiásticos y me hubiera limitado a aceptar las creencias de la Iglesia más próxima. Pero la verdad es que ningún cambio fue más natural y espontáneo que el mío. Fui asistente regular a la Iglesia y participé en la Cena del Señor antes de solicitar mi admisión como clérigo de la religión establecida. No quise dar este paso mientras seguía publicando *El Español*, pero tan pronto como después de la vuelta de Fernando [VII] y la restauración del despotismo la península fue cerrada a mi periódico, hice sin demora lo que habría querido hacer desde mucho tiempo antes, y habiendo firmado los *39 artículos* me establecí en Oxford con el único propósito de perfeccionar mis conocimientos del griego y ampliar los que ya tenía de Teología.

Había conocido en Holland House al doctor Shuttleworth, *Warden* del New College. Confiando en su amabilidad le pedí me buscara un lugar para establecer mi casa en Oxford, lo que hizo sin demora, de forma que muy pronto me encontré alojado junto con mi pequeña colección de libros en las proximidades del New College.

1814. 39 años
Creo que esto sucedió en octubre de 1814. Un caballero escocés que había conocido en casa de mi excelente amigo Mister James Christie me dio una carta de presentación para el difunto doctor Nicoll, que acababa de obtener su grado de *Master*. Nicoll, Shuttleworth y los hermanos Duncan (dos modelos de cariño y amabilidad) formaban el círculo de mis

amistades. Apenas llevaba unos días en mi casa cuando Mister (ahora doctor) Charles Bishop,[29] que acababa de volver de España, vino a verme en compañía de sus dos hermanos Mister William y Mister Henry Bishop, el primero de ellos ministro anglicano y *Fellow* de Oriol College, y el otro estudiante entonces y después ministro anglicano también. No soy capaz de expresar debidamente con mis palabras la alegría y los bienes que me vinieron con tal visita, porque desde entonces hasta el momento actual la amistad de William Bishop y su familia ha sido para mí causa de ilimitado agradecimiento. Si en cualquier ocasión en que mostrara mi legítimo orgullo por mis amistades y relaciones con Inglaterra, alguien me pidiera una muestra de lo mejor que esta tierra puede producir, no dudaría en señalar inmediatamente a la familia de los Bishop de Holywell, en Oxford.

Mister Parson, de Holywell, que estaba entonces trabajando en la edición de la Biblia de los Setenta, me hizo también el favor de visitarme como prueba de buena vecindad. Su hija mayor, después Mrs. Nicolls, joven inteligente y dotada de las mejores cualidades, tenía buenos conocimientos de música y como nunca he perdido ninguna oportunidad de ayudar en este hermoso arte a cualquier persona a quien mis conocimientos pudieran ser de alguna utilidad, lo que fui capaz de hacer en favor de Miss Parsons me dio constantes ocasiones de visitar a su familia.

Reanudé mis estudios con todo empeño, pero mi salud estaba muy quebrantada y los constantes sufrimientos que desde entonces me han venido privando de tranquilidad y fortaleza espiritual, y que en algunas ocasiones me han hecho penoso el mismo vivir, iban agravándose rápidamente. Luchaba con todas mis fuerzas contra ellos, pero mis días eran malos y las noches peores.

1815

Llevaba en Oxford un año cuando Lord Holland, a la vuelta de un viaje por el extranjero, me ofreció el puesto de tutor de su hijo y heredero, el honorable Henry Fox. Este ofrecimiento me resultaba muy atractivo, pero no me consideraba suficientemente preparado para desempeñarlo dignamente,

---

29 El doctor Charles Bishop es uno de los buenos amigos a los que la muerte ha arrebatado desde que empecé a escribir estas memorias. (Nota de 1841.)

por lo que di esta razón como el principal motivo para declinar una invitación tan honorable y ventajosa para mí. Pero Lord Holland insistió amablemente de forma que pudo con mi resistencia. Acepté por consiguiente y dejando mi pequeña casa de Oxford me fui a vivir a Holland House. Lord y Lady Holland me trataron con mucha cordialidad y su ininterrumpida amistad es el testimonio más halagador para mis sinceros esfuerzos en el cumplimiento de mi deber con su hijo. Pero no puedo negar que sufrí muchísimo en mis dos años de residencia en su casa. Repetidamente había pedido ser librado de una tarea para la que no tenía ni salud ni ánimo. Al cabo de estos dos años, Lord y Lady Holland me pidieron que los acompañara a Bélgica, donde iban a estar unos cuantos meses, pero decliné positivamente la invitación. El mismo día en que salieron de Londres con su hijo y mi pupilo le escribí una carta a Lord Holland manifestándole la total incapacidad en que me veía de seguir con mi ocupación a su regreso y rogándoles encarecidamente que aprovecharan este paréntesis para encontrar otro tutor. Todavía conservo su respuesta, que es extremadamente cariñosa.

Con mi libertad recobrada, pero en lastimoso estado de salud, dudaba dónde establecer mi nueva residencia. Podría haber vuelto a Oxford, pero el hecho de no ser miembro de aquella universidad había sido una secreta causa de mortificación durante mi estancia allí. Pensé en matricularme como estudiante en Alban Hall, donde Mister Parson era viceprincipal, y a pesar de la embarazosa situación que suponía este descenso en rango cultural creo que hubiera pasado por él de no haber sido llamado a Holland House. Pero el tiempo había aumentado el peso de mis objeciones y como no tenía esperanzas de conseguir un grado académico abandoné la idea de vivir en Oxford.

1817

Me instalé en las cercanías de St. James' Square en Londres, para estar cerca de mis queridos amigos los Christie. Mi amigo Mister James Christie había decidido enviar a Francia a su mujer y a sus hijas para completar la educación de estas últimas. Él habría de permanecer en Londres pero con vistas a mantener una residencia más pequeña durante este tiempo había alquilado el primer piso de una casa en Pall Mall, cuya planta baja estaba ocupada por un librero. Como el segundo estaba libre, mi amigo me propuso que lo alquilara yo, lo que hice con la alegría de vivir bajo el mismo techo con una persona a la que apreciaba y quería tanto. Esto me hizo no prestar mucha atención al gasto que suponía (y que difícilmente podía soportar) amueblar la casa y participar en los gastos de mantenimiento. De todas formas, aunque nuestra amistad continuó inquebrantable, poco consuelo nos pudimos dar el uno al otro. Por un lado, el ánimo de mi amigo estaba muy afectado por la ausencia de su familia y por mi parte los sufrimientos de mi enfermedad se habían hecho completamente intolerables.

A consecuencia de ello tomé la decisión de hacerle caso a los médicos y me sometí a dos severos tratamientos, el primero bajo la dirección de un inútil e ignorante curandero y el otro a cargo de un médico muy capaz. El resultado fue una debilidad extrema que no me dejó casi nada más que piel y huesos, de tal manera que no era capaz de mantenerme en pie.

1818. 18 agosto
En este desesperado y triste estado recibí la visita de otro buen amigo, Mister [Francis] Carleton, sobrino del difunto Lord Carleton, que vivía con su mujer y dos hijos pequeños en Little Gaddesden, Herts, muy cerca de Ashridge, la espléndida mansión del conde de Bridgewater, y me invitaba a vivir en su *cottage*. No tenía tutor doméstico para su hijo mayor, niño entonces de ocho años, y aunque no lo hizo con este fin, acepté su propuesta con el propósito deliberado de pagar la hospitalidad de mi amigo con este servicio.

Siento decir que en este empeño fui muy poco afortunado. Mi gran debilidad me hacía muy irritable y mi alumno tampoco era un modelo de docilidad, por lo que creo que poco fui capaz de enseñarle. Los Carleton me trataban como si fuera un hermano, pero creo que los últimos seis meses de mi estancia con ellos (que tuvo una duración total de unos dos años) debió haber sido motivo de problemas para ellos. Como estaba totalmente debilitado y no podía soportar el ruido de los niños en una casa pequeña y poco confortable, casi llegué a volverme loco. Había dejado de intentar enseñar al hijo mayor, y en tales circunstancias no había nada que justificara vivir a expensas de mis amigos. A lo largo de mi vida nunca me ha gustado ser un intruso sino que, al contrario, he tenido mucho cuidado de no ser una carga para nadie. Sin embargo, parece como si mi absoluta debilidad y mi total dependencia en estos amigos para cualquier cosa por pequeña que fuera, me hubiera hecho totalmente ciego a la necesidad de dejar su casa.

Para justificarme debo decir que con toda seriedad le rogué a mi amigo Carleton que aceptara una compensación económica por mi manutención pero él no quería ni oír hablar de esto. A pesar de todo, estaba tan necesitado de su compañía que nunca llegué a sacar la consecuencia obvia de aliviarlos yéndome a vivir a otra parte. Y esto es más extraño todavía porque por este tiempo la joven familia de mis amigos iba aumentando. Pero es difícil calificar la insensibilidad (no conozco otra palabra más suave) a que mis sufrimientos me habían reducido sobre este particular. Permanecí allí como si aquella casa fuera mi refugio natural, como si los lazos de la sangre me hubieran atado a aquel lugar. Pero repentinamente desperté de mi sueño y me di cuenta de la necesidad de buscar otro refugio. Mis amigos seguían siendo tan amables y cariñosos como siempre, pero ya tenía los ojos abiertos a la necesidad de privarme de la felicidad que era para mí gozar de su compañía. Pero no era capaz de decidir a dónde ir ni cómo viajar en mi lastimoso estado de salud, con los dolores y la debilidad que me había ocasionado mi enfermedad.

Lo único que se me ocurrió fue comunicarle mi triste estado de salud a mi amigo el reverendo William Bishop, con quien había mantenido correspondencia regular desde nuestra separación. Su respuesta fue una apremiante invitación a que me fuera con él a Ufton, Berks, y estuviera en su casa el tiempo que quisiera. Acepté la invitación con el propósito de aprovechar el tiempo para determinar dónde iba a establecer mi residencia permanente. Con gran pesar me despedí de mis buenos amigos Carleton. Nuestra entrañable amistad ha permanecido inalterable durante muchos años, a pesar de su larga ausencia de Inglaterra.

1820. 12 diciembre
El descanso de la casa parroquial de mi amigo en Ufton fue muy favorable para mi salud y mi ánimo, pero la mejoría fue tan lenta que apenas era

perceptible. Fue allí donde recibí una carta del poeta Mister [Thomas] Campbell invitándome a escribir para el *New Monthly Magazine*, de cuya dirección se había encargado. Este fue el origen de las *Cartas de España*. No era capaz de escribir mucho de una vez, pero dedicándole a esta tarea una hora cada mañana vi que la obra progresaba, y al cabo de tres meses casi había dado fin a mi proyecto.[30]

Pensé entonces regresar a Londres. La mujer y los hijos de mi amigo Christie habían vuelto de Francia y la familia vivía ahora en Chelsea. Vivir cer-

---

30 Tengo delante de mí un ejemplar de la primera edición de las *Cartas* y quiero aprovechar la oportunidad para llamar la atención de los que lean estas memorias sobre una nota que en la primera edición aparece en la página 79 y que fue deliberadamente omitida en la segunda. La nota viene a nombre del editor, que no es otro que el mismo autor. Corregí personalmente las pruebas de la segunda edición —desgraciadamente el impresor no prestó la atención debida a mis correcciones— en un momento en que estaba dominado por profundos sentimientos de intolerancia jerárquica a consecuencia de mi controversia con Mister Charles Butler. Esta fue la causa de que omitiera la nota. En esta omisión había algo de servilismo al fanatismo del partido anticatólico, a consecuencia de la impresión que en mi espíritu había producido un partido con el que en aquel momento no tenía ninguna relación personal y con el que no tenía ningún sentimiento en común, pero cuyas voces habían vuelto a revivir el antiguo aborrecimiento del catolicismo que mi experiencia había grabado indeleblemente en mi espíritu y que de hecho me privó por un momento del espíritu de sinceridad que me hizo escribir la nota en 1822. Al volver a releerla después de los años que han pasado, apruebo completamente su contenido y afirmo que lo que en ella digo expresa mi convicción más profunda. Quiero repetirla aquí para librar al lector de la molestia de tener que buscarla en el caso de que esta observación mía lo haya interesado bastante en estos hechos insignificantes a que hago alusión: «Tengo que hacer la observación de que el grado de delicadeza —o la falta de ella— de un confesor depende en gran manera, fuera aparte de su virtud personal y buena educación, de la educación de aquellos entre los que ejerce sus poderes. Por ejemplo, la educación y costumbres del pueblo inglés es tal que me atrevo a decir que muy pocas, o quizá ninguna, de las mujeres católicas inglesas se darán cuenta de que haya peligros en la confesión auricular. No diría yo lo mismo de Irlanda, especialmente con respecto a las clases humildes. Pero puesto que estas cartas no se hubieran publicado sin mi consentimiento, quiero protestar en este momento y de una vez para siempre contra toda sospecha de querer atacar con lo que acabo de decir el grande y respetable número de nuestros conciudadanos irlandeses que profesan la fe católico-romana. No puedo decir, sin embargo, que no crea firmemente en la tendencia general que he atribuido al catolicismo. Pero hay que distinguir entre un catolicismo en pleno y libre crecimiento y la misma planta dañina castigada y suavizada por la sombra del protestantismo. De esta manera, mientras que estoy persuadido de que la religión de España, Portugal y Nápoles es el principal obstáculo para el establecimiento de las libertades públicas en estos países, niego enfáticamente la conclusión de que los católicos harán necesariamente y en cualquier circunstancia mal uso del poder político».

ca de ellos era muy importante para mi felicidad. Por tanto, me fui a Londres y tomé casa cerca de ellos.

1821. 2 abril

Durante cerca de seis años su casa fue la mía. No puedo expresar debidamente mi gratitud por su ininterrumpido cariño para conmigo y por haberle permitido a mi hijo todas las ventajas de la compañía de los suyos, ayudándole en todo momento en la formación de su carácter moral y educación como si hubiera sido uno más de la familia. Mi amigo Christie se ha llevado a la tumba esta deuda mía de gratitud, que quisiera poderle pagar a su mujer y a sus hijos. Si un cariño profunda y sinceramente sentido puede ayudar a compensar la deuda, entonces no me puedo acusar de haber sido un deudor descuidado.

Mi salud siguió mejorando, pero lentamente. Como las *Cartas de España* me habían dado a conocer en el mundo de los libros Mister [Rudolph] Ackerman, del Strand, que quería publicar un periódico español para los lectores sudamericanos, me pidió que me encargara de esta publicación suya. Yo no estaba decidido, porque su idea era hacer algo del estilo del *Ladies' Magazine*. Tenía una enorme cantidad de láminas de cañadas, cascadas, villas, edificios públicos y hermosas señoras que, cambiando lo que decían del inglés al español, podían adaptarse magníficamente al nuevo mundo. Cada número debía llevar cierta cantidad de estos grabados y la idea de convertirme en el instrumento literario de esta exhibición de galanterías me sublevó. Pero me puse a considerar el asunto desde otro punto de vista: podía hacer del pretendido periódico un vehículo de informaciones útiles para unos pueblos que hablan una lengua en la que no abundan libros que los orienten y eduquen dadas las circunstancias públicas en que viven. Esta idea hizo que me decidiera a aceptar la oferta de Mister Ackerman y me comprometí a tomar a mi cargo el periódico con la única condición de que el editor encargara a otro español las explicaciones de los grabados de moda y decoración. También conseguí la promesa de que no se entrometería en mis artículos, y yo, a mi vez, le aseguré que no asustaría a los hispanoamericanos con controversias religiosas que pudieran perjudicar la libre entrada y circulación del periódico en aquellos países. Las condiciones económicas eran buenas, puesto que recibiría 300 libras anuales por cuatro números.

Escribí el periódico durante cerca de año y medio. A pesar de que hice todo lo posible para que fuera útil, el trabajo me resultaba odioso. Escribir para un público lejano es tan difícil como pronunciar un discurso sin oyentes que lo escuchen. Además, pensar en español no solo se me había hecho muy difícil, sino que me causaba grandes sufrimientos que me quitaban la alegría. Sin embargo, es posible que a pesar de todo esto las *Variedades* — como se llamaba el periódico— hubiera seguido bajo mi cuidado mucho más tiempo de no ser por el cambio repentino que unas circunstancias inesperadas vinieron a traer a mis ocupaciones literarias.

Mister Charles Butler había publicado su *Book of the Roman Catholic Church*, pero no le había echado ni siquiera una ojeada. No me gustaba la controversia, especialmente sobre algo que durante muchos años había considerado más allá de toda discusión. Pero inesperadamente recibí una carta de Mister Locker, del hospital de Greenwich, a quien Mister Southey me había presentado por carta poco tiempo antes. Mister Locker me había invitado a su casa un par de ocasiones y allí conocí a su mujer, señora de gran educación y agradable trato. La nota de Mister Locker iba acompañada de una carta de su mujer pidiéndome que contestara aquel libro, cuyas falacias y deliberadas inexactitudes yo podía descubrir mejor que nadie. Mister Locker concluía urgiéndome a considerar si no era un deber clarísimo mío, que no podía transferir a ningún otro, el dar un paso adelante en esta ocasión. La fuerza de esta llamada me llegó muy adentro, pero de todos modos quería buscar una excusa razonable ante la perspectiva de sufrimientos y vejaciones que se había abierto repentinamente delante de mí. Comprometerme en una controversia, tener que rastrillar una vez más los más penosos recuerdos de mi vida, enfrentarme a un partido violento armado solo con la indefensa sinceridad de la verdad, aparecer ante algunos como un empedernido religionista y a otros como un oportunista que quería buscarse un alto puesto en la Iglesia anglicana, a los que forman lo que se llama «el mundo» como un agente del *partido santo*, todo esto y mucho más que es difícil definir se me presentó a lo vivo delante de mis ojos. Pero al propio tiempo me daba cuenta con la misma claridad que no podía eludir el penoso deber que me habían llamado a cumplir, de forma que le contesté a Mister Locker que consideraría el asunto con toda atención.[31]

La Providencia me había deparado un testigo de mis acciones y sentimientos en este duro período de mi vida, a quien puedo apelar con toda confianza en confirmación de cuanto he dicho. Se trata del reverendo Robert Butler, ahora vicario de Kilkenny, que vivía en la misma casa que yo, donde él ocupaba las habitaciones del piso bajo y yo las del primero. Había conocido a Mister Butler por medio de los Carleton, porque eran primos hermanos. Su amabilidad, su bondadoso corazón y su sincera piedad me llenaron de respeto y afecto por él. Hasta entonces había vivido con su padre pero como toda la familia se había ido a vivir al extranjero, mi amigo se vio en la necesidad de buscar alojamiento. Por este tiempo las habitaciones del piso bajo de mi casa se habían quedado libres y tuve la gran satisfacción de tener a esta excelente persona bajo mi mismo techo. Cenábamos juntos y paseábamos también juntos cuando nos lo permitían nuestras ocupaciones respectivas. Al recibir la carta de Mister Locker se la enseñé inmediatamente a mi amigo Butler, que apoyó lo que en ella se decía. Incapaz de resistir a mi propia

---

31   Nota escrita en 1836. En marzo de 1831 fui invitado por Mister John Allen, Master de Dulwich College, a *sacar suertes* —tal es la forma de elección de acuerdo con los estatutos fundacionales— para la cuarta beca (la de organista) que acababa de dejar vacante la muerte del reverendo Mister Lindley. Acepté la invitación y salí de Oxford, donde vivía a la sazón, con dirección a Londres para esperar el día de la elección. Como era necesario encontrar otra persona con quien compartir la suerte y el deseo del College era que los dos candidatos fueran clérigos y graduados universitarios, hubo que esperar bastante tiempo antes de la elección. Mientras tanto me llegó una carta de Mister Allen en la que me daba la sorprendente información que uno de los *Fellows* le había asegurado que yo había sido expresamente *comprado* por Lord Roden con el propósito de escribir contra los católicos. Mister Allen me pedía datos para rebatir aquel informe. Mi respuesta consistió en afirmar lo que he dicho más arriba, añadiendo que las 100 libras que la venta de las cuatro ediciones del *Poor Man's Preservative* había puesto en manos de Messrs. Rivington como beneficio personal mío se habían gastado de la forma siguiente: las primeras 50 libras habían sido enviadas a la *Christian Knowledge Society*, y las 50 restantes a la *Society for Building and Repairing Churches*. Después recordé que el noble en cuestión, de cuyo nombre no estoy seguro, era amigo de Mister Locker y por consiguiente pudiera ser que él hubiera aconsejado a éste que me escribiera, y esto fuera suficiente para poner en circulación la especie de que había comprado mis servicios. Me duele el corazón cuando pienso en estas cosas. ¡Qué ruindad de sentimientos y principios morales demuestra la dificultad que tienen los hombres para pensar que se puedan hacer cosas desinteresadamente en asuntos religiosos! No tengo necesidad de añadir que saqué la bola negra en Dulwich College y eligieron al otro.

convicción, confirmada de esta manera, le dije a mi consejero y amigo que empezaría a escribir sin demora y si el primer intento tenía éxito, seguiría adelante, pero si me sentía a disgusto y no veía a mi pluma correr libremente, abandonaría el proyecto.

La primera carta de mi libro *Evidence Against Catholicism* quedó terminada al día siguiente. Mister Butler la leyó y me animó a continuar. Cuando la obra estuvo terminada se la llevé al editor Mister Murray. Yo no contaba con conseguir demasiado éxito y el editor, por su parte, la aceptó en los términos más bajos, es decir, me pagaría la mitad de las ganancias netas. Cuando apareció el libro yo fui el primer sorprendido del efecto que produjo, pero bien pronto empecé a experimentar la ira y la insolencia de los católicos y los emancipacionistas.[32] Sin embargo, vi claramente que si hubiera querido valerme de aquéllos que me consideraban un útil aliado, podía conseguir amplia compensación por la enemiga y mala voluntad de mis adversarios. Para entrar en esta controversia teológica tuve que dejar el periódico español que sin mucho trabajo me procuraba 300 libras al año. Si yo hubiera mencionado de alguna manera este quebranto de mis intereses, estoy seguro de que fácilmente hubiera encontrado medios honestos para compensarlo, pero el éxito de mi libro me llevó a tomar la firme resolución de no aceptar jamás ningún puesto de importancia dentro de la Iglesia anglicana. Esta resolución se la comuniqué a mi amigo Mister Bishop por carta y a Mister Butler de palabra. No consideré oportuno darla a la publicidad y me limité a buscar estos testigos de mi resolución y dejarlos en libertad de mencionarla si lo estimaban oportuno.

Llegué a considerarme totalmente entregado a la causa de la verdad religiosa, especialmente en oposición a Roma, y comuniqué a Mister Ackerman que había decidido dejar de escribir para él en cuanto se publicaran los dos próximos números. Aproveché los últimos artículos de fondo para dar una corta narración de mi vida con respecto a las creencias religiosas. Como era un hecho notorio en los países de habla española mi incredulidad religiosa durante muchos años, consideré deber mío hablar de las principales razones que me habían hecho encontrar la verdad evangélica. Ni quise entrar en controversia religiosa porque hubiera perjudicado la circulación del libro.

---

32 La primera edición salió en 1825 y la segunda al año siguiente.

Tengo la satisfacción de saber que mi narración moderó en algunos casos aquella fiebre de incredulidad que el fanatismo absurdo de los creyentes llega a producir en los países cristianos y especialmente en el caso de España.

El sentido del deber con respecto a las clases más pobres me llevó a escribir en *Poor Man's Preservative Against Popery*, pero para dejar bien claro el desinterés de mis motivos contra las imputaciones de mis enemigos, no me aproveché de las ganancias de su publicación y aun compré con mi dinero los ejemplares que regalé.[33]

Estaba deseando volver a Oxford porque creía que no había lugar mejor para llevar a cabo mis proyectos y por consiguiente me enteré con gran alegría que había sido propuesto por la Junta Hebdomadaria para ser honrado con el grado de Maestro en Artes por diploma. Esto era precisamente lo que necesitaba para acabar con los tristes recuerdos de mi estancia anterior en Oxford, en que a pesar de ser licenciado universitario me había visto excluido de la institución universitaria en medio de la cual había estado viviendo. Pero también me enteré que se iba a proponer una oposición a mi grado. Dos días pasaron entre esta noticia y la llegada del diploma, y puedo decir que fueron en verdad dos días muy amargos. Como yo no había solicitado el honor que se me quería conferir, me resultaba muy duro verme expuesto de esta forma inmerecida a una *afrenta pública*. Creo que si la oposición hubiera triunfado, me hubiera ido de Inglaterra. De esta forma la alegría de la primera noticia fue ahogada por la dureza e insensibilidad del espíritu de partido. Es interesante observar que bajo la influencia de las pasiones santificadas por

---

33 He aquí un extracto del prefacio a la primera edición: «Le voy a decir quién soy yo, porque mi intención al escribir este libro es tener una larga conversación con usted, si no tiene inconveniente. Ante todo permítame que le hable de este librito. Hace unos meses escribí una obra sobre la religión católico-romana, que según me dice el librero ha tenido mucho éxito entre los ricos. Me hubiera sentido muy halagado por este éxito de no ser porque cuando estaba trabajando con mi pluma una voz interior me dijo: ¿Estás seguro de que la verdadera causa de tu trabajo no es la idea de ganar dinero o fama? Contesté: Sé muy bien que el corazón se deja engañar fácilmente y por eso, a pesar de que estoy convencido de la limpieza de mis motivos, pudiera haber también algo equivocado en ellos. Por lo tanto si este libro que estoy escribiendo ahora es bien recibido estoy dispuesto a escribir con el favor de Dios otro para los pobres. Lo regalaré para que pueda imprimirse al menor costo posible, y hago el propósito de no sacar de él ninguna ganancia personal. Tendré especial cuidado de que contenga en menos páginas más que mi obra para las clases altas, y lo escribiré de manera que para entenderlo no haya necesidad de haber seguido ninguna clase de estudios...».

el sectarismo, aun los hombres de mejor voluntad no dudan en emplear los métodos más crueles e injustos para llevar a cabo sus propósitos.

Estoy convencido de que el promotor de la oposición no tenía ninguna objeción personal contra mí. De hecho, después de esto me ha mostrado toda clase de deferencias y hospitalidad, y yo he aceptado sus cumplimientos sin la menor sombra de resentimiento. Pero es éste precisamente el mal de la violencia partidista: el hombre más generoso y benevolente no siente el menor escrúpulo de conciencia al infligir a un inocente un grave daño y dolor porque considera este acto como un medio para conseguir un fin superior. Si yo hubiera sido una persona que hubiera querido conseguir riquezas y dignidades por medio del partido que ellos querían mortificar al perseguirme a mí, si yo hubiera mostrado cualquier clase de ambición para conseguir algo de la Iglesia en los muchos años que habían pasado desde que suscribí los artículos, entonces se podría decir con toda razón que tenía que aceptar también el mal como había recibido el bien. Pero lo único que se me iba a dar era un honor que venía a restaurarme a una clase a la que había pertenecido desde mi juventud, y al que había sacrificado por mi amor a la verdad. Hubiera podido seguir privado de él sin sentirme humillado, pero lo que la oposición pretendía era una *afrenta positiva*, por la cual no había recibido ningún bien en compensación (si es que existe compensación para el deshonor), una afrenta, además, que, según propia confesión de mis oponentes, yo no me merecía. Era pues necesario que el paso del tiempo y las atenciones que recibí de todos en Oxford suavizaran la penosa impresión que la oposición había causado en mi espíritu para poder disfrutar de los bienes que esperaba sacar de mi residencia en aquella ciudad.

Al principio, siempre que me encontraba con alguien de cuya amistad no hubiera recibido pruebas anteriormente, no podía dejar de sospechar que pudiera ser uno de los que habían objetado mi recepción como graduado. Pero creo que debo pedir excusas por haberme detenido tanto en este punto. Solo los que conocen bien los sucesos de mi vida podrán excusarme debidamente porque saben muy bien que una gota de agua puede hacer rebosar el vaso. A ellos no les parecerán mis sentimientos un exceso de sensibilidad.

1826. 2 octubre. 51 años
Mi separación de los queridos amigos que dejaba en Chelsea y sus alrededores contribuyó también a menguar la alegría de mi regreso a Oxford. Los Christie eran para mí como mi propia familia. También había otra persona que no vivía lejos de mí por quien sentía un amor fraternal. Era Mister James Hawkins Wilson, de St. Mary Hall, en Oxford, que se había mostrado como un excelente amigo y había ganado mi afecto. Mister Wilson *era* (con gran dolor tengo que usar el tiempo pasado) hombre de gran talento y cultura, de costumbres muy educadas y habitualmente guiado por los más altos principios morales; era religioso, pero libre de entusiasmo y fanatismo, y, aunque era más joven que yo, siempre me daba algún buen ejemplo que imitar. Dejé de ser vecino suyo, pero su casa siguió estando abierta para mí siempre que venía a la ciudad. Cuando me lo encontraba solo el tiempo en su compañía pasaba volando, y cuando estaba con sus familiares la amabilidad y el buen humor de todos hacían que el visitante se sintiera muy a gusto. Pero una enfermedad cardíaca segó la vida de mi joven amigo y se lo llevó el 22 de octubre de 1830, a los treinta y cuatro años de edad. He mirado la fecha en el anillo de luto que me dejó y que siempre llevo puesto en mi mano.

Y ya he llegado al fin de estas notas. Mi salud y mi estado de ánimo me impiden el seguir la narración a partir del momento en que me establecí en Oxford como miembro del Oriol College. El fin de estas memorias es remover las ideas falsas con respecto a mi persona. Es verdad que en esta última parte de mi vida nuevos y más fuertes prejuicios se han elevado contra mí, pero no tengo ya fuerzas para escribir nuevas apologías.

Quiero acabar con una ardiente plegaria a Aquel que me ha protegido en medio de una vida llena de dolores, para que bendiga a los que han contribuido a aminorar los sufrimientos morales y físicos que he padecido en los últimos veinte años. Que Dios le bendiga a usted y a su familia. Que Él ayude y recompense a los buenos amigos con quienes he vivido en Oriol. De todo corazón doy gracias a mi Creador y Redentor porque cuando mi corazón desborda de gratitud y reconocimiento en este momento, no hay en él ni una gota de resentimiento: mis enemigos no existen para mí cuando pienso en mis amigos. Mi vida temporal estará colmada con las mayores bendiciones si Dios tiene a bien concederme la perseverancia en estos mismos sentimientos hasta que entregue en sus manos mi espíritu.[34] J. B. W. Oxford, 7 de abril de 1832.

---

[34] Privado del uso de mis piernas durante estos tres últimos años y atormentado severamente ahora por un cruel reumatismo, he hecho un esfuerzo para leer el anterior manuscrito por última vez, con el fin de asegurarme que no se contiene en él nada incorrecto en cuanto a lo que realmente ha sucedido, ni nada que pueda resultar doloroso a mis amigos. Me temo que mi narración pueda parecer poco o nada interesante, pero no me importa la acusación de aburrido con tal de verme libre de la menor sombra de malicia o de haber quebrantado cualquier confidencia. He vivido con familias de las que hubiera podido hacer muy interesantes descripciones, pero no he querido aprovecharme de ventajas de esta clase. Incluso al alabar a mis amigos he tenido buen cuidado de no permitirles a los extraños el acceso a su vida privada. Ahora entrego estos papeles al cuidado de mi querido amigo el reverendo John Hamilton Thom, que se ha dignado aceptar con toda amabilidad este encargo de mi propia mano. —Joseph Blanco White.

Libros a la carta
A la carta es un servicio especializado para
empresas,
librerías,
bibliotecas,
editoriales
y centros de enseñanza;
y permite confeccionar libros que, por su formato y concepción, sirven a los propósitos más específicos de estas instituciones.

Las empresas nos encargan ediciones personalizadas para marketing editorial o para regalos institucionales. Y los interesados solicitan, a título personal, ediciones antiguas, o no disponibles en el mercado; y las acompañan con notas y comentarios críticos.

Las ediciones tienen como apoyo un libro de estilo con todo tipo de referencias sobre los criterios de tratamiento tipográfico aplicados a nuestros libros que puede ser consultado en Linkgua-ediciones.com.

Linkgua edita por encargo diferentes versiones de una misma obra con distintos tratamientos ortotipográficos (actualizaciones de carácter divulgativo de un clásico, o versiones estrictamente fieles a la edición original de referencia).

Este servicio de ediciones a la carta le permitirá, si usted se dedica a la enseñanza, tener una forma de hacer pública su interpretación de un texto y, sobre una versión digitalizada «base», usted podrá introducir interpretaciones del texto fuente. Es un tópico que los profesores denuncien en clase los desmanes de una edición, o vayan comentando errores de interpretación de un texto y esta es una solución útil a esa necesidad del mundo académico.

Asimismo publicamos de manera sistemática, en un mismo catálogo, tesis doctorales y actas de congresos académicos, que son distribuidas a través de nuestra Web.

El servicio de «libros a la carta» funciona de dos formas.

1. Tenemos un fondo de libros digitalizados que usted puede personalizar en tiradas de al menos cinco ejemplares. Estas personalizaciones pueden ser de todo tipo: añadir notas de clase para uso de un grupo de estudiantes,

introducir logos corporativos para uso con fines de marketing empresarial, etc. etc.

2. Buscamos libros descatalogados de otras editoriales y los reeditamos en tiradas cortas a petición de un cliente.

www.ingramcontent.com/pod-product-compliance
Lightning Source LLC
Chambersburg PA
CBHW051343040426
42453CB00007B/384